JN024266

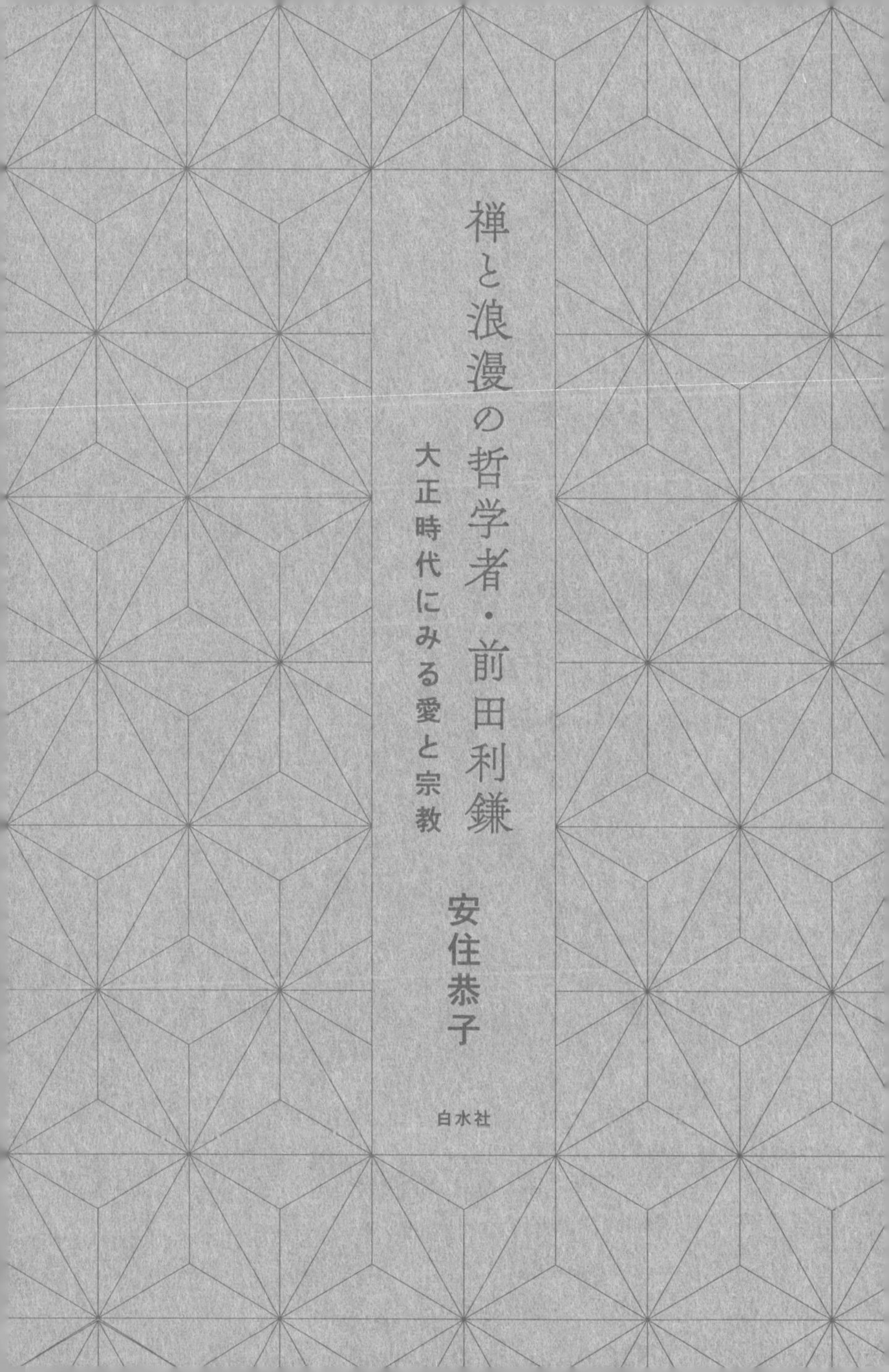

禅と浪漫の哲学者・前田利鎌

大正時代にみる愛と宗教

安住恭子

白水社

禅と浪漫の哲学者・前田利鎌

大正時代にみる愛と宗教

装丁　奥定泰之

目次

凡例

⊙〔　〕は、著者による注記を示します。

⊙引用文献における旧字・旧仮名表記は、適宜、新字・新仮名表記にしました。

⊙引用文中の省略は［…］で示しました。

推薦者の言

諏訪 哲史

かつて、一個の若く清冽な魂、自由と悟達を渇望する、短くも狂おしい生があった。明治・大正・昭和を駆け抜け、わずか三十二歳で夭折した宗教哲学の異才、前田利鎌(とがま)の生きざまを知る者は、当世それほど多くはない。僕は大学一年の折、中国哲学の教授に薦められ、利鎌の主著『宗教的人間』を図書館で借りて読んだ。今から三十年以上も前のことである。若い利鎌の才気、その神をも怖れぬ自在な叙述について、教授は、「鋭利な鎌とはよくぞ名付けた。まったく斬れるわ斬れるわ。しかし、斬れすぎる刃物は何事につけ剣呑なものだ」と肩をすくめ嘯(うそぶ)いてみせた。

大学の一年次といえば僕は十八歳、奇しくもショーペンハウアーと禅とに深く傾倒していた只中であった。母が臨済宗妙心寺派の寺の娘だった縁(えにし)もあり、高校時代まで僕は半ば真剣に、こんな業の深い野卑な自分でも仏道に帰依すべきか、俗世を捨てるなど果たして欲の強い自分に可能か否かと考えていた。

当時は厭世主義と自殺思想が僕にとっては切実な問題であった。邪道は承知でショーペンハウアーをこの観点から読み、ヨブ記もシュティルナーもシェストフもシオランまでも渉猟してなお飽かず、一向得心がいかなかった。その後、三島由紀夫の『豊饒の海・第三部　暁の寺』で展開される古代希臘(ギリシャ)のヘラクレイトス哲学や、仏教的相対主義の壮大な体系「唯識(ゆいしき)」の理論、ニーチェの円環的な永劫回帰思想にも触発され、ふたたび禅哲学に傾いた。

先に前田利鎌を異才と呼んだが、実のところは鬼才であり、彼はファウスト＝メフィストフェレス的な、個の闇雲な無辺大の放擲(ほうてき)とでもいった、死をも厭わぬ真理求道(ぐどう)の徒で、苛烈な自己打擲(ちょうちゃく)に身を挺する禅者であった。

利鎌の『宗教的人間』には、「臨済・荘子」の二章の他、後半にはゲーテを先駆とするドイツロマン派の若々しい疾風怒濤(シュトゥルム・ウント・ドランク)の文学的影響が散見される。周知のように『ファウスト』全編では、自己の欲望と力の全能化、その宿業の果ての悲劇的達観が思索されており、また今では忘れ去られたロシアの作家、僕が偏愛するアルツィバーシェフの、色欲と自殺を讃美する極めて虚無的な危険小説『サーニン』にまで、その数頁が割かれている。

ことほど左様、前田利鎌の哲学はひとえに青年の生の哲学であり、十八歳の哲学徒であった初心(うぶ)な僕は、てきめんに彼のその剛毅果断な気性、また放胆な人生観に魅せられた。

本書の著者安住恭子は、百年も時代を隔した、ほぼ忘却せられ無名に帰そうとしている古人の生を掬い上げ、現代のわれわれの在り方に照らして、それを再考しようとする作家である。

和辻哲郎文化賞を受賞した世評高き前著『『草枕』の那美と辛亥革命』においては、夏目漱石と、『草枕』のヒロインのモデルになった熊本の女性前田卓（つな）との、淡い恋愛感情にも似た、時代的・思想的連帯にまなざしを向けた。

続く本書では、この卓の母違いの弟で、三十以上も歳の離れた若き宗教哲学者前田利鎌と、平塚らいてうの姉孝子との、世を忍ぶ恋愛を中心に、大正期日本の社会・宗教・思想の時代的な趨勢を語ろうとする。漱石から卓、利鎌、孝子、らいてうと、この二冊において、九州から東京、当時のアジア情勢までをも広く視界にとらえ、明治大正期の日本の思想的地図を描こうと腐心するのである。

前著の主要人物である漱石と卓が同じ一八六七年生まれ。同年には他に南方熊楠や幸田露伴がある。西田幾多郎と鈴木大拙とが三つ下の一八七〇年生まれ。これらの世代の知の巨人たちが近代日本の思想的な礎（いしずえ）を築いた。

この時代から約三十年後、前田利鎌が一八九八年に生まれる。遅れてきた青年である。

明治大正期の思想潮流には、西洋から移入された世紀末的神秘思想や心理主義・象徴主義的な非合理の超越性が頑なに破られず、長きに渡り根底的（ラディカル）に彼らの哲学を支え続けたきらいがある。ブラヴァツキー夫人の神智学（テオソフィー）やシュタイナーの人智学（アントロポソフィー）が欧米の思想・文化に絶大な影響を与え、そうした土壌から西田や大拙が十八世紀のスウェーデンボルグの霊的な照応理論、華厳的・禅的な一即他・他即一の主客未分の仏教的宇宙観を思想背景に据え、同時代のパースやジェイムズの哲学を科学的論拠として援用した時代であった。

利鎌の禅への挺身も、この霊性観の流れを踏まえ初めて説得力を持つ。本書に言及される悟りの境地「見性（けんしょう）」は容易に一義に回収されえぬ語で、自我をことごとく殺し滅する虚無の枯山水で仏性と邂逅するか、自我を時空的極大へ拡張することで主客を合一し曼荼羅（まんだら）的仏界にまみえるか、そのいずれも可か、これら止揚しがたい正反の矛盾を乗り越える術（すべ）こそ、信とも学とも異なる禅であった。

西田や大拙よりずっと若い利鎌の禅は、この点ひたすら行為実践を重んじるが、漱石譲りの個人主義というべきか、判断停止（エポケー）的な滅私（後に日本が軍国化に応用する奉国的禁欲主義）による無の会得以上に、自我、個性、私（わたくし）性の開放の果てに、その限界を究めた則天去私の境地で、他ならぬ自己そのもののうちに仏性を生き・生成するスピノザ的な汎神論、ニーチェ的な超越の生を標榜する、すぐれて実存的な哲学であった。

この点、親友であった松岡譲（ゆずる）が真宗的な他力の思想の信徒であったのとは異なり、利鎌はあくまでも禅的自力の実践者、あえて悪くいえば小乗的部派的な独覚論に陥り兼ねぬ、あまりに孤高にすぎるストイックな哲学者であったというべきである。が、それでも大乗的な衆生救済を離れきらぬ彼の一面をも本書では見ることができる。母違いの姉であり、後に養子縁組する前田卓の関わった東亜の革命運動、また平塚らいてうの女権的社会思想などを、消極的ながらも理解し認めようとした寛容な一面である。ただ、平塚姉妹がともに支持し参入した大本教ほか、新宗教の筆先崇拝など見神的信仰への直接没入にだけは、近代の子である利鎌は慎重に距離を置いた。

利鎌は漱石の門に最年少で入り、学び、書き、論落の恋を識（し）り、座禅に我を忘れ、生に身を焦がし、燃え盛りながら死んでいった。

孝子とらいてうも同様だ。大正の爛熟したデカダンスの徒花（あだばな）というなかれ。三人は旧弊な社会風紀や硬直した倫理、常識に抗った。自らに由（よ）って立つ近代人の肖像、自由と解放、照応と合一、天才と超人、各々がそれらを希求した。

らいてうは有名な『青鞜』発刊の辞「元始、女性は太陽であつた」に書いている。〈私共は我がうちなる潜める天才の為めに我を犠牲にせねばならぬ。所謂無我にならねばならぬ。（無我とは自己拡大の極致である。）〉と。

無我と称する自己拡大の極致、そこにこそ見性があり、本来衆生に等しく内在する仏性がある。これは利鎌の思考と頗（すこぶ）る似ている。

平塚孝子は戦後、名を恭子と改めた。といって、本書の著者安住恭子と孝子が似ていると書くつもりはない。いや、しかし正確にいうなら、著者は孝子ともらいてうとも少しずつ似ている。慎ましく、かつ学究的である面が。でも、著者が最も似ているのは、やはりどうしても、利鎌の姉で母代わりの前田卓である。寛容さ、根気、情熱。そこが似ている。

利鎌は孝子を愛したが、異腹の姉である卓をも幼時から憧れ、愛したに違いない。そこにもまた成就の叶わぬ、忍ばれる潜在の恋がある。本書を通読し、利鎌に思いを馳せる今の僕には、そう想われてならないのである。

（すわてつし・作家）

前田利鎌

〔1898-1931〕

前田利鎌・長谷川巳之吉・松岡譲

（1927 年頃）

一　はじめに

今はほとんど知る人もない、一つの「小説」と「作者」について書きたいと思っている。

一九三七（昭和十二）年八月から翌三八（同十三）年十一月まで、当時の雑誌『真理』に連載された、『素顔』という小説だ。前波史朗（まえなみしろう）という青年を主人公とする、一種の自叙伝的スタイルの作品で、著者は松岡譲（まつおかゆずる）。夏目漱石の長女・筆子（ふでこ）と結婚し、「漱石の娘婿」として知られる作家である。だがこの小説は、松岡の数ある作品のなかでも、評価の対象にはなっていない。

一つは、この小説が未完だったことがある。『真理』には十三回連載されたが、松岡の構想では、もう一回書いて全体の第一部を終了し、その後第二部を書き、単行本として発行する予定だった。だが、その目論みは果たされなかった。第二部が書かれなかっただけでなく、第一部も最終回が書かれないまま終わったのである。さらに、この第一部は、ある別の人間が書いた『没落』という小説をもとに松岡が書いたという、特異な成り立ちの作品でもあった。

『没落』を書いたのは、前田利鎌（まえだとがま）。一九三一（同六）年一月に三十二歳の若さで亡くなった、旧制東京工業大学（今の東京工業大学）教授である。スピノザやニーチェなどの西洋哲学と、荘子、老子、そして禅などの仏教哲学等々を幅広く研究し、嘱望された若き哲学者だった。彼の死後、生前の論文を集めた『宗教的人間』が岩波書店から発売されると、ベストセラーになった。この論文集は今もなお読み継がれ、高く評価されている。その『宗教的人間』の編集をし、発行に尽力したのが松岡譲であった。

松岡と前田利鎌は、七歳年の離れた友人だった。出会ったのは漱石山房。詳しいいきさつは後でふれるが、前田利鎌は、第一高等学校に入学したころから、漱石山房を訪れるようになる。漱石の最晩年に、末席に連なる最後の弟子であった。長岡の浄土真宗の寺の長男である松岡と、西洋哲学と東洋哲学を学び、後には熱心に禅に傾倒するようになっていった利鎌は、通じ合うものがあったのだろう。利鎌は生き方として哲学を模索し、松岡もまた早くから仏教を生き方として考え、苦悩していたからだ。ともに東京帝大哲学科の先輩と後輩でもある。一緒に富士登山をしたり、出版には至らなかったが、ヴォルテールの『キャンディード』を共訳したりもしている。

『宗教的人間』初版「編輯者の言葉」に、「誠に惜しみてもなお余りある夭逝であった」と、その死を悼み、「この高貴な魂の遺産が、一人でも多く同信の友の胸に宿らん事を期し又希（ねが）うものである」と、松岡は書いている。また、改版の後記には、次のように記している。「本書という絆によって、彼と私との友情をいつまでも持続したいものと祈ってやまない次第である」。

ではなぜ松岡は、強い絆で結ばれ、哲学者としても優れていた亡友の小説を、タイトルも変えて書き直し、出版しようとしたのか。

松岡は、『素顔』の連載四回目に、「作者付記」としてこの小説の成り立ちを述べている。利鎌の小説が手元にきたいきさつと、それを自分なりの形で発表しようと思った経緯と決意である。第四回という中途半端な時期に、なぜそのような付記を書いたのか。そうした文章は、小説が完結した後に書かれるのが普通だと松岡も述べている。

実は松岡は、三回目を掲載した後、翌月号を病気で休載した。その間、読者から、作品のモデルについての問い合わせがあったらしい。付記はそれに応えるかたちで書かれた。「もう少しぶちまけて作品以外から作品を語ってみるのも、案外面白いのではあるまいか」と考えたからだ。そして、「正直にいうとこの小説は少し風変わりな小説だ。実際のところ今まで発表された部分は、私の創作であると共に又ある人の創作でもあるのである」と書き、その「ある人」とは、『宗教的人間』の著者前田利鎌であると、明かしている。

そして、この『宗教的人間』は立派な哲学書だと松岡はいい、それは「取りもなおさず著者その人が立派であるからだ」と述べる。自分は、この魅力的な友人の生涯を小説として書きたいと思っていた。ところが、利鎌自身が書いた自伝小説があると、利鎌の甥に聞かされた。松岡はその甥を通して、原稿を持っていた人からその自伝小説を譲り受けたのだ。

『没落』というタイトルのその原稿は、二百六十余枚あったという。

哲学者であった前田利鎌が、自伝小説を書いたのはなぜか？

実は利鎌は、自分が愛したただ一人の女性に捧げるために、書いたのだった。

タイトルの下には、「この書を愛するものの胸に贈る」という献辞があったという。「二十七春を迎えて、自らの序曲を歌うの晩きを恨む」の添え書きもあり、二十七歳のころに書き上げたらしい。そして、その後何度も書き直したあとが、全編至るところに見られた。原稿を持っていたのは、その相手の女性である。

だが、その女性から松岡のもとに送られた二百六十余枚は、未完であった。後半というか、結末部分がなかったのだ。献辞からして、未完だったはずはない。その女性が後半部分を抜いて渡したのだろうと、松岡は推理する。

もちろん、素人の利鎌が初めて書いた『没落』は、小説としては未熟だった。しかし、「ひたむきな素人芸の素純なよさは、その情熱と共にところどころ及び難い閃きを見せて、そんな手法技巧以上に謂わば人生記録の尊さ有難さをつくづくと思わせるものがある。全くこのまま埋もらせてしまうのは惜しい」。松岡はそう思い、「この尻切れ蜻蛉の人生記録を素材として、すっかり新しい長篇小説を私の手で組み立てなおそう」とした。それが『素顔』を書いたいきさつである。

書くに当たって松岡は、利鎌の書いたものを、素材としてバラバラにし、自由に取捨選択したという。「彼にあってはほとんど偶像的に取り扱われている愛人なども、私の筆では当然別の取り扱いを受けるだろう」としている。そして、十三回の連載をした。利鎌の書いた素材は、そのなかでほとんど消化され、松岡自身から見た利鎌像を第二部として書く予定だった。だが、前述したように、第十四回は書かれなかったし、第二部も書かれなかった。

十三回を書き終えた翌月に、松岡は「「素顔」最終回にかえて」と題する文を載せている。この号では最終回を掲載する予定だったが、書けなかった。その理由とおわび、そして今後の決意を述べた文章である。書けなかった理由は、彼に代わって寺を継いだ弟・善毅（ぜんき）の戦死の報である。ショックのあまり、小説執筆どころではなかったことを、正直に述べている。そして、「『素顔』はもう一回で第一部を終わり第二部に入って主人公の方は禅に打ち込むのに反し、女主人公の方は邪教に趨（はし）る事になるので、その両方を対照しながら書いて行くつもりで材料を集めておいたのですが、これはいづれ単行本で発表する事になりましょう」と記している。この段階で執筆の意欲は充分あった。だが、それは果たされなかった。

おそらくそれは、この文にある「邪教」という言葉に起因しているのではないかと想像する。

では、なぜ私はこの未完の小説にこだわるのか。

それは、前田利鎌への関心からである。『素顔』を読む前に、私はすでに利鎌を知っていた。そのことについては、第三章と四章で詳しく述べる。しかしそれまでの断片的な知識による利鎌は、明朗快活で優れた若き哲学者という、ありきたりのイメージしかなかった。ところが、この小説を読むと、そうしたイメージだけではくくれない、利鎌の若くみずみずしい命の息吹を感じることができたのだ。松岡の手によるフィクションにもかかわらず、それまで知っていた彼の情報と照らし合わせて読むと、生々しい利鎌像が浮かび上がってくる。そこには利鎌独特の生き方と愛があった。その生き方と愛の形は、どこから来ているのか、さらに知りたいと思った。

利鎌が愛した女性は、平塚らいてうの姉・平塚孝子である。

二　小説『素顔』と前田利鎌

まず、小説『素顔』の構造を簡単に紹介したい。一読した私が、ほとんどフィクションとは思えず、一九二四（大正十三）年ごろの、前田利鎌二十六、七歳の姿を見る思いがしたのは、登場人物や設定に、実際の彼と周辺の事情が強く反映されていたからだ。

主人公の前波史朗（以下史朗）は、独身で工業専門の大学で哲学の講師をし、谷中に住む大岡(おおおか)夢洞(むどう)という師について禅の修行もしている。

利鎌もこの時期は、蔵前(くらまえ)にあった東京高等工業学校の哲学講師であり、谷中の岡夢堂(おかむどう)のもとで禅の修行をしていた。

そしてヒロインは塚本末利子(つかもとまりこ)と名付けられ、裕福な家庭の夫人。既婚者である。彼女には、女学生の暁子(あきこ)とまだ小学生の新一(しんいち)の二人の子があり、史朗は彼らの家庭教師だったが、今や家族同然に親しくしている。

利鎌もまた、二十三歳のころから、平塚家の家庭教師だった。

ほかにも史朗の家族構成なども、利鎌の現実を反映している。第二回での大岡夢洞の家のたたずまいも、第六回でその夢洞が史朗の家に訪れるくだりも、利鎌が『宗教的人間』のなかで岡夢堂について書いた論文「夢堂老漢」の描写やエピソードほとんどそのままだ。論文で簡潔に書かれた内容を、小説的に膨らませてあるだけなのだ。

『素顔』の連載が始まり、読者などからモデルについての問い合わせがあったのは、そうした事情によるのだろう。『宗教的人間』がすでに出版され、広く読まれていたからだ。

さて、十三回に渡る内容は、夢洞に師事しての禅の道と、塚本夫人との恋愛関係のほぼ二つを中心に展開する。二人の恋愛は不倫ではあるが、塚本家の子供たちとの交流もふくめ、かなり伸びやかに描かれている。一方、座禅を組んでの思考や夢洞との会話などは、禅や哲学についての深い内容が広がる。つまり、二十六、七歳の哲学青年の日常と精神をさまざまなエピソードで描いているのだ。そして十三回の最後は、師・夢洞の死と通夜の話題で終わる。未完ではあるが、流れとしては一つの結末を暗示している。

その小説の第一回は、なんと「心霊現象実験会」から始まる。意表をつく始まりだが、この構成はおそらく、松岡譲によると思われる。この実験会の内容は利鎌の小説にあったとは思うが、そこから始めるというのは、やはり、小説を書き慣れた者のにおいを感じる。大正時代に一種のブームのように広がっていた心霊実験会から語り始めることで、時代の風俗を示しただけでなく、それによって史朗と塚本夫人の精神的背景をも語りやすくする鮮やかな導入だ。

おおよその内容は次の通りだ。

ある夜、日本橋にあるビルの地下の一室で開催される、「日本随一の称ある鶴田霊媒による物理的心霊現象の実験会」に、史朗が参加する。すると十数人の観客のなかに、暁子もいた。彼女の姿を発見した彼は、暁子が一人で来ていることに驚く。「当然一緒であるべき母の末利子夫人の姿がどこにも見えないことであった」と、あっけにとられる。ここで塚本夫人の名前が末利子であると示される。この命名は、釈迦に帰依した古代インド、コーサラ王国の王妃の名、末利夫人(まりぶにん)にちなんでいるらしい。

そして、史朗ら参加者が名刺に何事かを書いて封筒に入れておき、目隠しして椅子に縛られた霊媒師がそれを言い当てるといった心霊現象の様子が展開するのだが、そのなかで、なぜ史朗がこの会に出席したのかの説明が入る。単に好奇心からだけではなかった。むしろ彼の兄が心霊現象に凝っていて、いわば生業にしているのを、日頃苦々しく思っていた。哲学者である史朗は、コナン・ドイルや、フランスの哲学者アンリ・ベルクソンらの心霊現象関係の著書は読んでもいたが、むしろ懐疑的だった。

その史朗がこの会に出席を決めたのは、一週間ほど前に彼自身が霊的な体験をしたからだ。ある夜、床に入っていると亡くなった実母が現われたのだという。火鉢に手をかざした姿をありありと見、さらに布団の上からのしかかられ、彼は金縛り状態になる。そんな体験から「もう少し進んでこの未知の世界の謎が知りたくなってきた。そこでその鍵を求めて彼はこの実験会にやってきた」という次第だ。

しかし、この実験会の体験によって、彼がその鍵を得、心霊現象に夢中になったということはなかった。その後の展開で彼自身が語るように、インチキと切り捨てることもないが、こういうこともあるだろうと、保留している。

一方、塚本夫人の娘・暁子は、「まるで化け物屋敷ね」と切り捨てる。実験の前後に、観客全員が体重を量るという興味深いエピソードがあるが、ほとんどの人が実験後に多少減少しているなかで、暁子一人がまったく変わらなかった。そして、暁子を家まで送るため、二人でタクシーに乗り込むところで、第一回は終わる。

この第一回と、暁子を送っていった塚本家でのその夜を描く第二回で、史朗と塚本夫人をめぐる、全体を貫く重要なモチーフが示される。一つは史朗と塚本夫人の恋愛の姿の闊達さであり、もう一つはその恋愛の基底に心霊現象と宗教があることだ。

前述したように、史朗は母親の霊を見た。しかし彼は哲学と禅を研究し、直感よりも思考を常としている。一方、塚本夫人は霊感の強い女性として描かれている。暁子がこの会に参加したのも、塚本夫人が史朗がそこに行くだろうと予感してのことだった。

第一回にこんな会話がある。

「それにしても僕がここへ来るってことどうしてわかったんです」と史朗が問い、「うちのママ千里眼よ。始め自分でも来るって言ってたのだけど、何だか少し頭痛がするからって、わたし一人行ってきなさい。帰りには史朗さんに送って頂けばいいからって無理に送り出しちまったのよ変ね」と暁子が答えるのだ。

もっと後の回にも、子供の頃から家についていた武士の亡霊を見、その霊と話したことなど、夫人の霊感の強さが何度も語られるし、彼女が史朗とは違った宗教を持っていることも回を追って明らかにされる。

二人のあいだには、多少の違いはあるが、ある共通の精神性がうかがえるのだ。

そして、彼らの恋愛関係のおおらかさ、闊達さは、この史朗と暁子の会話などに端的だ。その前にも、「親のものは子のもの、子のものは子のものっていうからさ。だから何もかもママのものはアキベエのものよ愛人でも何でも」と言い放つ暁子のセリフがある。この弾むようなセリフは、奔放に育った少女の姿を浮かび上がらせる。

つまり、史朗と塚本夫人が恋愛関係にあることは公然のことで、史朗は苦笑しつつも娘の前で悪びれていない。陰湿なイメージではなく、不倫ではあっても堂々とした、乾いた関係をうかがわせる。その基盤になっているのが、その共通の精神性なのだろう。

いわばこの小説は、その精神性と愛をめぐる物語なのだ。自伝的とはいっても、年代を追って成長過程を描くのではなく、生い立ちや家族、友人関係や宗教などを、二十六、七歳の青年の数日に凝縮させた内容になっている。

では、この小説の愛と生き方を探る前に、前田利鎌の人生を、詳しく追いたいと思う。

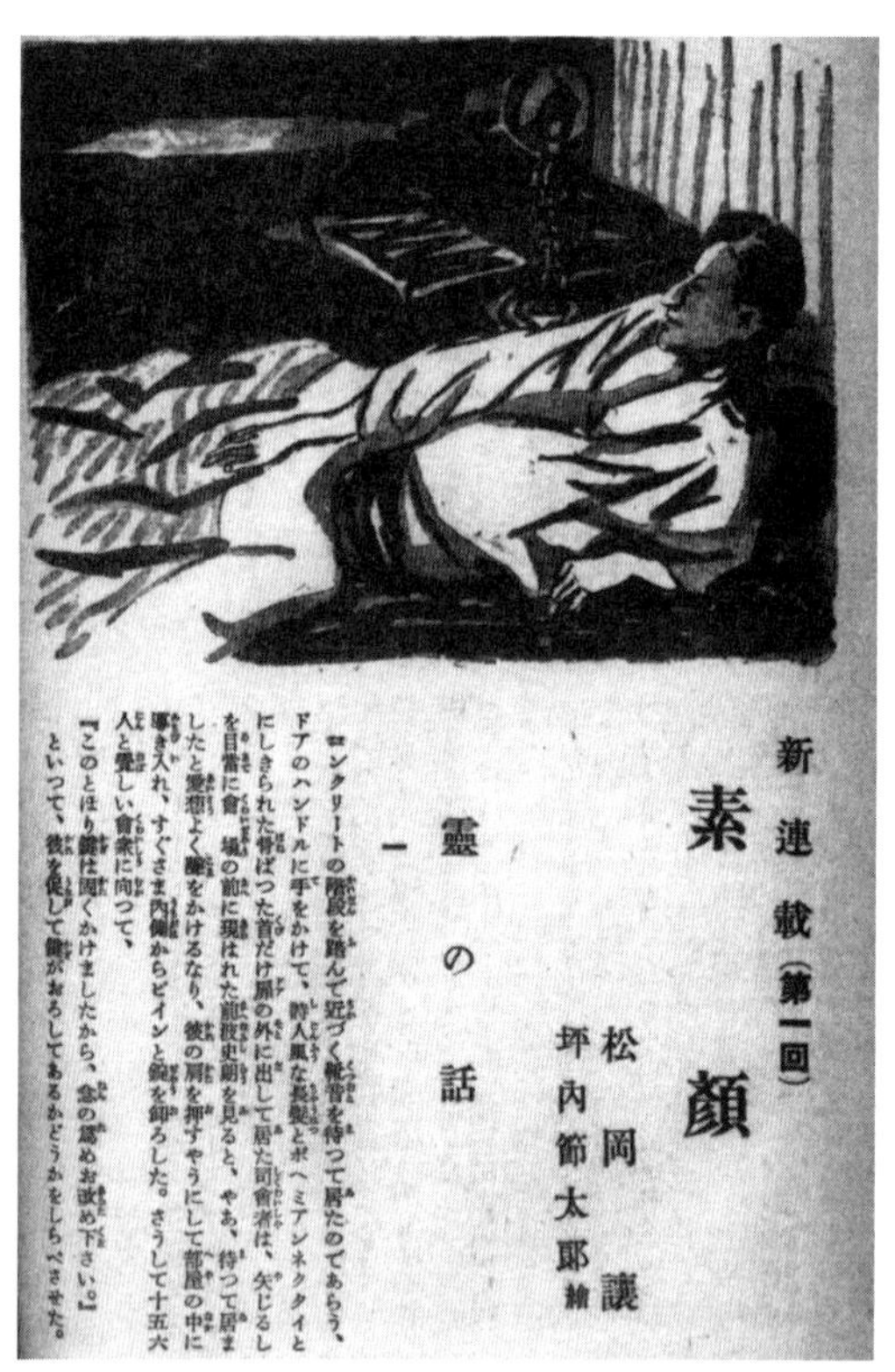

新連載（第一回）

素顔

松岡譲
坪内節太郎繪

靈の話

一

コンクリートの階段を踏んで近づく靴音を待つて居たのであらう、ドアのハンドルに手をかけて、詩人風な長髪とボヘミアンネクタイとにしきられた骨ばつた首だけ扉の外に出して居た司會者は、矢じるしを目當に會場の前に現はれた龍波史朗を見ると、やあ、待つて居ましたと愛想よく聲をかけるなり、彼の肩を押すやうにして部屋の中に導き入れ、すぐさま内側からピインと鍵を卸ろした。さうして十五六人と覺しい會衆に向つて、

『このとほり鍵は固くかけましたから、念の爲めお改め下さい。』

といつて、彼を促して鍵がおろしてあるかどうかをしらべさせた。

小説『素顔』第１回の冒頭

［松岡譲著・坪内節太郎絵］

（雑誌『真理』1937 年）

三　前田利鎌－漱石－前田卓

前田利鎌は、一八九八年（明治三十一年）一月二十二日、熊本県玉名郡小天村（現・玉名市天水町小天）に生まれた。父は前田案山子。生母は、案山子の愛人・林はな。案山子七十歳の庶子である。案山子とはなとのあいだには、もう一人覺之助という兄が生まれている。

案山子は、この土地一帯を支配する郷士の家に生まれ、剣術に優れた剣士として熊本藩主に仕えた。明治維新になると禄を離れ、小天に戻った。そして、郷土愛から租税問題などで新政府と対立し、国会開設を求めて自由民権運動に奔走して、第一回帝国議会議員となった人物である。覺之助や利鎌が生まれた当時は、政治の第一線から退いて、小天の別邸で暮らしていた。

その別邸こそ、夏目漱石の小説『草枕』の舞台となった温泉宿だ。漱石が第五高等学校の教授仲間である山川信次郎と共に、この小天の前田家別邸を訪れたのは、利鎌の誕生のわずか二十日ばかり前、九七年の暮れから正月にかけてのことだ。

そしてそこには、『草枕』のヒロイン那美のモデルとなった前田卓（つな）がいた。卓は、利鎌にとって三十歳年の離れた、母ちがいの姉である。私はこの前田卓の生涯を追い、『『草枕』の那美と辛亥革命』（白水社）を書いた。松岡譲の小説『素顔』を読む前に、利鎌を知っていたのは、その理由による。

卓の実像を求めて取材し、さまざまな資料を追った。その一つに、利鎌の『宗教的人間』があった。そのなかで、卓が晩年の漱石と再会し、彼の死後も夏目家と親しく交わったこともつきとめた。それは利鎌が、末席の弟子として木曜会等に足繁く通っていたからだ。当時利鎌は、卓の養子となり、共に暮らしていたのだ。

漱石と前田卓については、『『草枕』の那美と辛亥革命』をお読みいただきたいが、漱石と利鎌も不思議に縁があった。前述したように、漱石が初めて小天を訪れた直後に利鎌は生まれた。その後も漱石は、山川や狩野亨吉（かのうこうきち）らと共に、あるいは一人で小天を訪ねている。そして、卓に抱かれた赤児の利鎌の頭を、漱石がなでたこともあったという。『宗教的人間』の巻末に、松岡譲は利鎌の年譜を載せているが、そのなかに、「生後いくばくもなき幼少の故人が、姉卓子（戸籍名は前田卓だが、卓子（つなこ）と称していた）に抱かれて漱石らに愛撫され、後年その門に親しく出入りせるもまた奇縁というべし」という記述がある。

それから十六年の年月を経て、漱石と利鎌は再会した。はじめは姉・卓に連れられて訪ねた。利鎌が郁文館（いくぶんかん）中学の生徒だったときだ。郁文館中学といえば、『吾輩は猫である』で苦沙弥（くしゃみ）先生をイライラさせる中学生たちが通う「落雲館中学」のモデルとされている。ここにも奇妙な縁がある。そして利鎌が漱石山房に足繁く通うようになるのは、第一高等学校一年のときで、散歩をしていた漱石に、早稲田の穴八幡境内で偶然出会ったことがきっかけだった。利鎌は名乗り、短い立ち話をしたらしい。名乗られたものの、漱石はその若者が誰なのか、すぐにはわからなかった。卓が連れて来た少年を覚えていなかったのだろう。利鎌はすぐ手紙を出したようだ。それに対する漱石からの返信がある。一九一六（大正五）年四月十二日付けの手紙だ。

拝復　私はあなたの名前を忘れていました　前田利鎌という名前を眺めているうちに若しやあの人ではなかったかと思い出しましたが　それも半信半疑でありました　穴八幡の処で会った人があなただろうとは夢にも思いませんでした　若しあれがあなたなら私の小説の縮刷を手にしていはしませんでしたか
私は多忙だから面会日の外は普通の御客には会わない事に極めています　面会日は木曜日ですが　木曜は学校があるからあなたも忙しいでしょう　然し学校が済んでから来る勇気があるなら入らっしゃい　お目にかゝりますから　以上

四月十二日　　夏目金之助

前田利鎌様　坐下

「来る勇気があるなら」と書くあたりに、漱石らしい若者への配慮がある。そして利鎌は勇気のある若者だった。この手紙をきっかけに、利鎌は漱石山房に出入りするようになる。芥川龍之介や松岡譲らが盛んに出入りしていた、漱石最晩年の時期だ。亡くなるまで半年あまり。そして、漱石が亡くなった後も夏目家に出入りするのだが、そのころの利鎌の姿を、漱石の次男・伸六（しんろく）が書き残している。

「末席の弟子」と題するその文章は、『父と母のいる風景――続父・漱石とその周辺』（芳賀書店）に収められている。

「父が死んだ時、前田利鎌さんは、まだ一高の一年生だったから、父の所へ集る学生のうちでは、最年少だった訳である」という書き出しで始まるその文章は、先の漱石の手紙や、卓と『草枕』の関係、利鎌が『吾輩は猫である』に出てくる「落雲館」中学の出身であることを紹介して、「不思議な因縁と云う物である」と続く。やはり、伸六もまた、因縁を感じたのだ。そして、利鎌が一高から帝大卒業まで、ずっと首席を通した優秀な青年であったと書き、一つのエピソードを紹介する。それは、一高在学中に彼が一年間停学になったときのことだ。停学になったのは、隣の学生に頼まれて、試験の答案を見せたことによる。だが、利鎌はその停学に一向に平気だったという。

> 寧ろ、暇になり、これから充分、自分自身の勉強が出来るのを喜んで居る様な顔付きをして、以来、足しげく、私の家へやって来る様になった。というのも、彼は来ると、いつも、既に主を失った人気（ひとけ）の無い書斎へ入り、書棚の洋書をあれこれと取り出しては、終日、飽きる様子もなく、静かに、読み耽って居た。（同前）

つまり、利鎌は高校生の一年間、停学になったのを幸いに、漱石の残した蔵書で学んでいたのだ。足繁く通ったということだから、かなりの量を読んだのではないか。利鎌の哲学や文学の知識の一端は、漱石の蔵書によって養われたことになる。

仲六はさらに、夏目家と利鎌の交流をさまざまに紹介する。漱石の月命日に一緒に墓参りに行ったときのゆかいなエピソードや、鏡子(きょうこ)夫人のすすめに従って屈託なく料理を食べたり、「按摩をしに来た」といって、鏡子夫人の肩をもむ姿等々だ。当時の高校生にはバンカラな風潮があったが、利鎌はそれに染まらず、いつも清潔でさっぱりした身なりをしていたことも、好もしげに紹介する。そして、当時としては新しい女だった姉・卓のことや、九州きっての槍の名手だった父・案山子のこと、その薫陶を受けた利鎌の兄も剣の達人だというエピソードも交えて、利鎌像をスケッチする。

それらは、静かに熱心に学問を学ぶ一方、快活でおおらかな利鎌の人柄を感じさせる。仲六は、そんな利鎌を愛し、信頼していたのだろう。文章には愛情がにじんでいる。最後はこんな文章で終わる。

彼が大学を出る時の卒論は、ゲーテのファウストの哲学的考察とか云う題だったが、これを読んだ桑木厳翼(くわきげんよく)さんが、非常に感心されて、この論文を出版してはと云う話があったそうだけれども、彼としては、単なる学生の卒業論文として、意に満たぬ所が多かったのだろう、わざわざすすめる恩師の好意さえ辞退した始末である。

その後、蔵前の高等工業の教師になってからも、学校の方から教授にしてやると云うのを、講師の方が気楽でいいからと断って、好きな臨済や禅の研究に、一人静かな満足を味わって居た利鎌さんは、父の門下では、確かに最末席の御弟子だったには違いないけれども、当時から私の眼には、彼が、他の御弟子連中の誰よりも、一番人間の出来た男だったと云う気がして、思い出す度に、惜しい人を死なしたものだと、哀惜の念に堪えぬ思いがするのである。

（同前）

子供の頃から父・漱石の周囲の人々を見続けてきた仲六の評価であり、感想である。松岡譲と同じく彼もまた、利鎌を「人間ができていた」といい、早すぎる死を惜しんでいる。

利鎌と漱石について、もう一つつけ加えることがある。それは先に紹介した小説の第一回の心霊実験会で、霊媒者の透視のエピソードが出てくるが、このとき主人公の史朗が名刺に書いた文は、「柳は緑に花は紅」であった。これは、漱石の文学・芸術論と美意識の根幹をなす言葉である。美は現実のなかにある。ありのままのその美を発見し、表現すること。漱石は、ロンドン留学中から、繰り返しこの言葉を使って、その考えを述べている。本来これは禅の言葉であり、大学のころから禅に傾倒した利鎌も、その考えを深く心に刻んでいたのだろう。小説のなかで、史朗がとっさに書いた文としてそれを読んだとき、私はすぐに漱石と利鎌のことを思い浮かべたのだった。

さて、利鎌が漱石山房を訪れたとき、姉の卓が同行することもあった。卓のこんな談話が残っている。

或時先生にお目に懸かって、しみじみ私の身の上を申し上げますと、「そういう方であったのか、それでは一つ『草枕』も書き直さねばならぬかな」と仰ってでございました。本当にわたくしという女が分かっていただけたのだろうと存じます。（「漱石全集」月報）

この「私の身の上」には説明がいる。それは、卓だけでなく利鎌もふくむ前田家の人々のたどった道である。そしてそのことこそが、利鎌が自伝として書いた小説に『没落』というタイトルをつけた理由なのだ。また、利鎌が仏教や哲学に深く沈潜し、自分の生き方を探ろうとした苦闘も、前田家の歴史と関わっている。その歴史と利鎌の生い立ちを見ていこう。

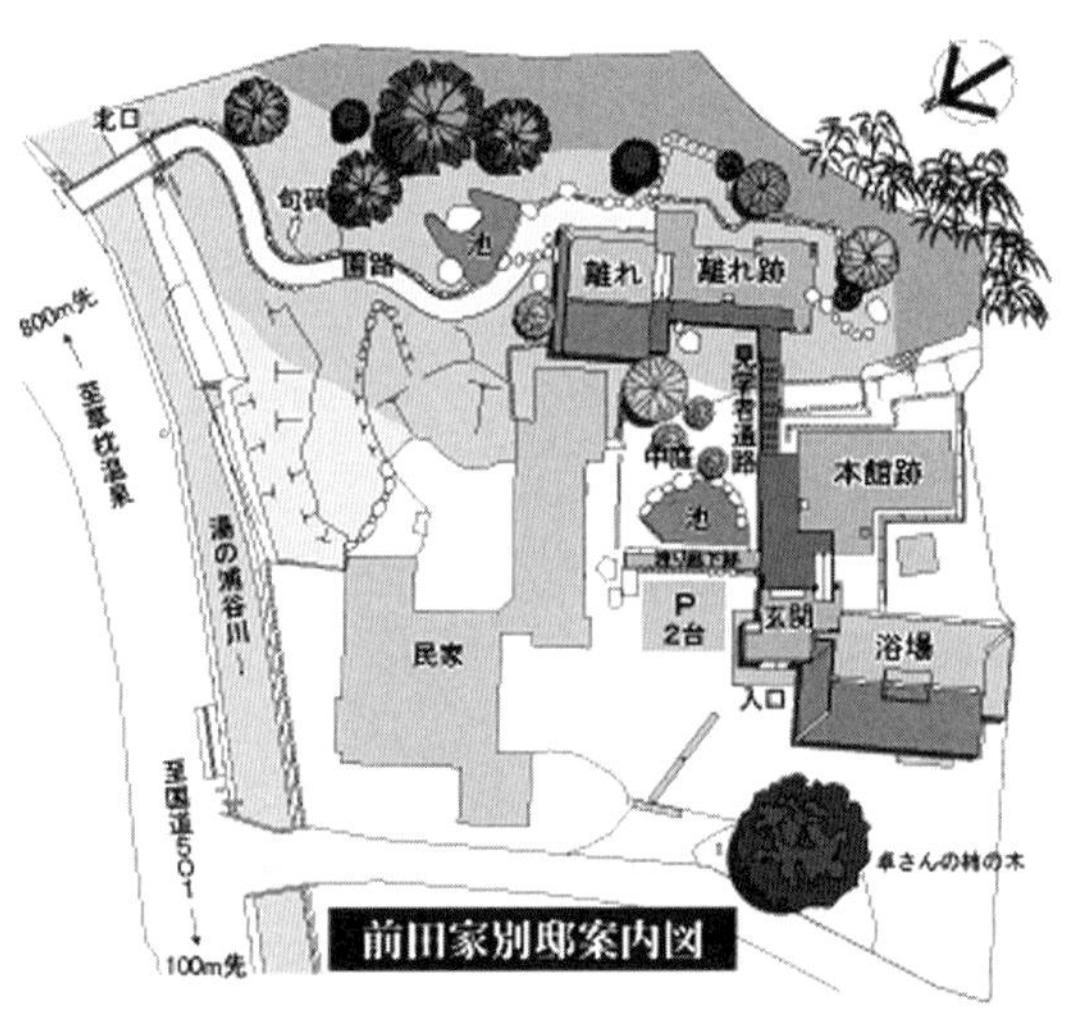

前田家別邸案内図

［漱石・草枕の里］

（現・玉名市天水町小天）

四　前田家の崩壊と利鎌の生いたち——『没落』の背景

前田案山子は、前述したように小天村の郷士の生まれで、維新までは藩随一の剣士として名をなし、藩主のそば近くに仕えていた。維新当時四十歳。本名は、後に利鎌の兄につけた覺之助だったが、武士の身分を捨てた後の人生を民のために働こうと、案山子と改めた。まずは新しい時代の人材育成をと、小学校設立に尽力。さらに旧藩校系の優秀な教師を招いて、その上の高等教育の場も屋敷の敷地内に作った。その私設の学校には、九州各地から青年が集まったという。そのなかで、地租改正をきっかけに、政治運動に進んでいく。農民の側に立って、地価評価額を下げさせるなどの交渉をねばり強く進める一方、国会開設を求める自由民権運動に邁進していくのだ。維新当時、前田家は、小天から熊本までの広大な土地を保有していた。『草枕』で描かれる、熊本から鳥越（とりごえ）峠と野出（のいで）峠の二つの峠を越えての道のりを、他人の土を踏まずに往復することができたという。案山子はその財産を惜しげもなく使って、運動に突き進んだ。

本邸は、野出峠から三キロほど下った八久保にあった。『草枕』に「蜜柑山にたつ立派な白壁の家」として出て来る、小さな城郭のような構えであった。小天村はそこから有明海に向かってくだり、開けた一帯だ。その小天に温泉をひいて作った別邸は、当時、運動の同志たちの憩いの場であり、あるいは集会所であった。中江兆民や大江卓、岸田俊子ら名だたる民権家が滞在した記録がある。中江兆民は何度も訪れ、農民たちにルソーの『民約論』を講じたこともあった。九州の自由民権運動のリーダーの一人であった案山子のこうした活動から、その地元である小天も「自由民権運動の別天地」とされたほどだった。そうしてさまざまな曲折があったものの、運動が実り、帝国議会が開設され、案山子が第一回の衆議院議員になったころ、当然のことながら前田家の財産は半減していた。

案山子は本妻・キヨとの間に、七人の子供があった。シゲ、下学、清人、卓、槌、行蔵、九二四郎である。そして前述したように、その後、愛人・はなとの間に覺之助と利鎌が生まれ、全部で九人姉弟ということになる。小説『素顔』で、史朗が母親の亡霊を見た記述を「実母」としているのは、この事情による。入籍しているので、「実母」はキヨなのだ。そして、この姉弟は、案山子の方針で、全員が武道を学んで育った。その方針は姉弟を通して一番下の利鎌まで行き渡り、『素顔』のなかでも、利鎌が兄と、剣道の稽古をするシーンが描かれている。その兄というのは九二四郎で、仲六の「末席の弟子」に出てくる剣の達人も、九二四郎のことだ。利鎌が卓の養子になり、共に暮らしていたが、その家には、母屋に九二四郎一家が、離れに卓と利鎌が住んでいた。小説の

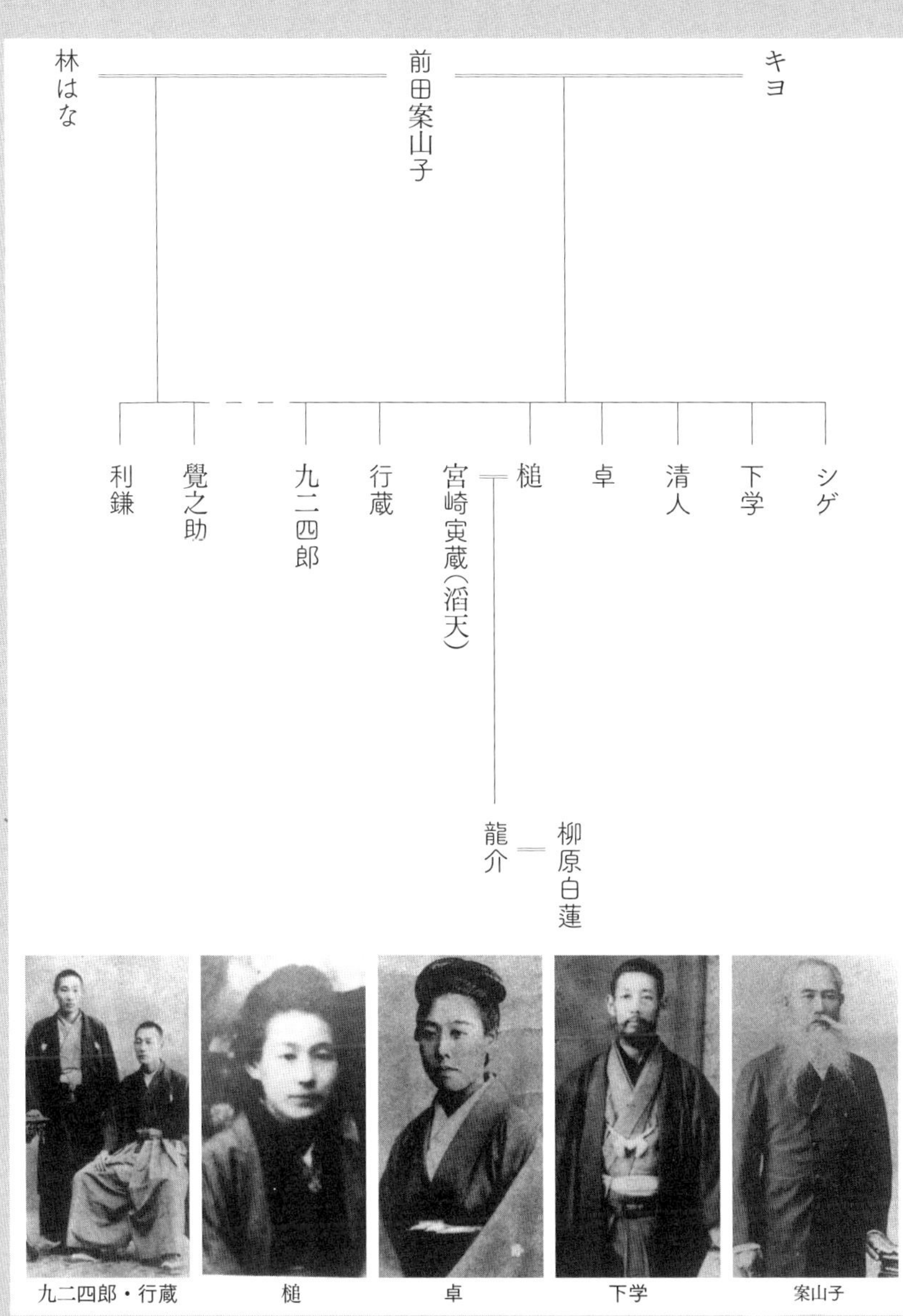

前田家家系図

（本書内関係者のみ）

なかでもそのままの暮らしぶりが描かれるし、心霊研究を生業にしていたのもこの九二四郎だった。

卓が生まれたのは明治元年で、九二四郎までの四人は、案山子が政治運動に邁進するなかで育った。父親の奔走する背中を見、自由民権の思想をシャワーのようにあびて成長したのだ。そのころ長女・シゲはすでに嫁いでおり、下学は常に案山子と共に行動していた。東奔西走する当主と長男の留守宅を、次男の清人と母親と卓が守ってきた。案山子らの留守中にも、さまざまな民権家がその家を訪れ、滞在した。そうした人々の言動も彼ら子供たちに影響を与えたと思う。

そして、案山子が政界から引退した一八九三（明治二十六）年ごろから、前田家は傾いていく。半減した財産をめぐり、兄妹のあいだに争いがおこるのだ。互いに欲を張り合ってということではない。それは案山子の政治活動が子供たちにもたらした、自由と平等の精神的遺産の結果ともいえた。

当時の家制度では、長男だけが全財産を受け継ぐことになっている。それに対し、兄弟姉妹に平等に分け与えるべきだと、卓以下の姉弟が主張したのだ。それは彼らに生活基盤がほとんどなかったことによる。三女の槌は、世界革命を夢想し、後に中国革命に突き進む青年・宮崎滔天（みやざきとうてん）と親の反対を押し切って結婚していたが、滔天は生涯労働とは無縁で、槌が女手ひとつで家を守り、貧困のなか、子供を育てていた。滔天の姿は案山子に重なるものがあるが、滔天には財産がなかった。むしろお金を軽蔑する思想を両親から受け継ぎ、ひたすら運動に突き進んでいた。

そして、明治七年生まれの行蔵と十年生まれの九二四郎は、父親に放置されるまま育ち、やはり仕事を持たないまま成人していた。そして愛人はなに二人の子供も生まれた。つまり、彼らの暮らしを立てる必要があった。

一方、長男・下学は、父親と同時に政治運動から身を引いたあと、実業家として生きようとした。ところが、その起業はことごとく失敗し、財産をさらに目減りさせた。すべての財産を受け継ぐのを当然とする下学は悪びれない。それに対して、長女的立場にあった卓が、妹や弟たちのために財産分与を主張し始めたのである。その争いが、十年近くくすぶり続けた。

『草枕』で、「本家の兄たあ、仲がわるしさ」と、床屋が画家に語るのは、その事情を反映している。覺之助と利鎌も生まれ、その幼い弟たちの将来を思うと、卓の主張は鋭さを増していたのだろう。案山子は卓の主張を支持した。一方、下学と次男・清人は、互いの妻が姉妹だったこともあり、仲が良かった。下学は東京にいて事業をしており、財産の管理と家の采配を清人が行なっていた。

そうして親子兄弟間の確執が深まるなか、一九〇〇（明治三十三）年に、清人が三十七歳の若さで病死する。さらに、翌年十二月二十四日、八久保の本邸が火災で焼失するという不幸が重なった。清人亡き後、残された妻子は下学をたより東京に出ていた。一人で本邸を守っていた母キヨを、年末とあって卓が別邸に呼び寄せていた。当時小天には、案山子とはながが住む別邸のほかに、道を挟んでもう一つの別邸があった。『草枕』の鏡池のモデルとなった池を持つ家だ。卓はキヨをそちらに呼び寄せたと思う。そして、主不在で使用人だけが残る本邸が全焼したのだ。失火説、放火説が飛び交ったが、真相はわからなかった。財産はさらに目減りした。

この本邸消失をきっかけに、財産分与問題は裁判に持ち込まれる。実はこの火災の一ヶ月前、案山子は家督を下学に正式に譲っていた。財産分けについてはその時、何らかの妥協があったと思われるが、翌年一月に裁判が始まったということは、少なくなった財産をめぐって、さらに話し合いがこじれたのだろう。名家のお家騒動に、熊本の法曹界の気鋭が関わったとされる。そしてその裁判は二年余りもこじれ、最終的には県知事が乗り出して決着したという。その結果、全財産を十分割し、その十分の六を下学と清人の遺族が受け、残りの十分の四を案山子が受けて、卓、槌、行蔵、九二四郎、覺之助、利鎌の六人に平等に分けて、分家とした。田畑山林などの土地の大半を下学らが、書画骨董の多くを卓らが譲り受けた。裁判が起こった当時、利鎌は五歳。彼にもわずかながら、書画骨董の財産が残された。

そして、その決着を見て、案山子が亡くなる。一九〇四（明治三十七年）七月二十日。その死を見届けた翌年、卓、槌、行蔵、九二四郎らは上京する。槌は、すでに東京を本拠地としていた滔天と、初めて一緒に暮らすためであり、卓をはじめ行蔵、九二四郎はそれぞれ自分の身をたてて行こうとしたのだろう。財産を分け与えられたとはいえ、それで各自が生涯暮らしていけるほどではなかった。働かなければならない。そのためには、熊本よりも東京の方がという可能性にかけたのだと思う。もはや、熊本の小天の、前田家の栄華のあとは消え失せてしまったからだ。唯一残された別邸で、老いたキヨと生母・はな、兄・覺之助とともに、七歳の利鎌はどのような気持ちで彼らを見送ったのだろう。

前田家の「没落」は、それで終わらない。

卓ら姉弟が手にした財産は、宮崎滔天が打ち込んだ中国革命にことごとく使われ、失われていく。滔天の勧めで卓が働こうとした場所が、中国革命の本拠地だったからだ。孫文（そんぶん）と黄興（こうこう）らが日本で結成した「中国革命同盟会」の事務所に住み込み、采配する仕事についた。身を立てる以前に、革命運動の渦中に飛び込んだのだ。それもまた、案山子が子供たちに残した精神的遺産の結果であった。自由と平等のため、自分の身を顧みず突き進むという精神である。

前田の姉弟がその渦中に飛び込んだ流れを、簡単に見よう。

引力となった宮崎滔天は、小天の隣、荒尾（あらお）（熊本県荒尾市大字荒尾）の出身。長兄・八郎（はちろう）は、ルソーの『民約論』などをいち早く授業に取り入れた、自由民権派の「植木学校」の設立者の一人だ。西南戦争で戦死した八郎の意志を継ごうと、滔天は若き日から情熱的に行動する。遅れてきた自由民権少年から、熱烈なキリスト教信者に、そして、一八八九（明治二十二）年には、脱文明と自然回帰を主張する放浪のスウェーデン人・イサクに心酔して、その思想を広めようと、前田下学に協力を求めた。本邸の大広間で農民相手に授業を行なうが、あまりに奔放でアナーキーなイサクの言動が農民たちに反発され、その目論みは失敗する。だが、この時、前田家の三女・槌と滔天は、恋に落ちたのである。

父・案山子はこの恋愛に強く反対した。だが、滔天が縄ばしごで槌の部屋に忍び込むという、『ロミオとジュリエット』さながらの恋に突き進んで、二人は三年後に結婚する。その間、滔天はアナーキーなイサクから離れ、「世界の窮民を救う」という目標を明確に定めて、その手始めとしての中国革命に関わっていく。滔天が孫文と初めて会見するのは、一八九七（明治三十）年のことだが、それまでもアメリカ留学を企てたり、犬養毅や大隈重信、頭山満らと交流して中国に実地調査に行き、日本が中国革命に関わっていく方策を探ったりしていた。

一方その当時、日本への中国人留学生が急速に増えていた。一九〇五（同三十八）年には一万二千人を数えるようになったという。そのなかには、後に辛亥革命の中心になる、黄興や宋教仁ら革命家たちも、留学という名目で亡命してきていた。彼らはそれぞれ中国各地に秘密結社をつくり、武装蜂起をくり返していたが、ことごとく弾圧され、追われて、日本にやって来たのだ。孫文も中国の変革を主張して世界各地を飛び回り、日本にもたびたびやってきて滔天と親交を結んだ。

その結果、中国革命の火種が、日本でくすぶり始める。各地でつくられたバラバラの結社を統合し、中国全土を視野におさめた統一組織を作ろうとする機運の盛り上がりだ。中心になったのは、孫文と黄興、宋教仁らだが、滔天はその橋渡しをしたり、日本側の支援者を組織するなど、密接に関わっていた。

そして、一九〇五年八月二日、各地に分散していた会派が大同団結した「中国革命同盟会」が結成される。表向きには「革命」の文字を取り、「中国同盟会」と称した。孫文が総理、黄興が庶務部長、当時二十三歳の若き秀才・宋教仁は司法部員で、女性革命家として知られる秋瑾も浙江省支部長となっている。宋教仁は当時、独自に「二十世紀の支那」と題する雑誌を発行していたが、それを『民報』と名を改めて、「同盟会」の機関誌とすることも決められた。

『民報』の編集所「民報社」が、牛込区新小川町二丁目（現・新宿区新小川町）に置かれた。そこは編集所だけでなく、同盟会の事務所でもあり、中国人留学生たちのたまり場でもあった。若き魯迅も、孫文、黄興と並ぶ指導者の一人、章炳麟がここで開いていた国学講習会に通っていた。そして、上京した前田卓は、この民報社に住み込みで働くのである。単なる家政婦ではなく、革命家たちの活動と生活を支える、一種の大黒柱としての役割である。かつて小天で、自由民権運動の志士たちが集まる家を取り仕切った卓の采配力を、滔天が見込んだのだと思う。すでに三十八歳になっていた卓は、充分その期待に応えた。面倒見のいい「民報社の小母さん」として、留学生たちに慕われただけでなく、孫文や黄興、宋教仁らと対等に渡り合い、信頼され、深く運動に関わってもいった。

当時の外務省外交資料の一つである、「民報関係雑纂」には、〈民報社の首謀者ハ日本人側ハ宮崎寅蔵（滔天）、前田卓子（女子）、清国側ハ黄興、宋教仁〔…〕〉と書かれている。卓は首謀者の一人とみなされる役割を果たしていたのである。

それは卓と滔天だけでなく、滔天と槌夫妻の家族、そして早くから滔天に心酔し、行動を共にしていた九二四郎らもふくめ、前田家の姉弟たちが一体となっての活動でもあった。そして、案山子から受け継いだ書画骨董などの彼らの遺産は、その運動に惜しげもなく投じられていく。自分たちは赤貧の生活を送りながら、武器調達などにその財産を使っていったのだ。それを示す槌の詠んだ和歌がある。

思いのみ今はのこさぬかたみかな父母の家宝も今日をかきりに

幾十年の思ひをこめて集めけむ見る人とかくおどろきにけり

あまたある児等のかたみに集むぞと父の言の葉耳にのこるも

裁判までして手に入れた父親の遺産である。その父の気持ちを思いながら、自分たちの衣食住に使うことなく、中国のために手放した。その思いが素直に伝わる和歌だ。それは卓も九二四郎も同じだった。そしてそれは、父親の考え方に添うはずだという確信が、彼ら姉弟にあってのことだった。

しかし卓は、覺之助と利鎌のぶんだけは残そうと思っていたと思う。二人はまだ小学生だ。その弟たちを、父親に代わって一人前にしていかなければならない。そのための養育費としてどうしても必要だった。けれども、それさえも滔天は、吉原の遊廓に売り払ってしまう。『宗教的人間』巻末の利鎌の年譜に次の記載がある。

一九〇七（明治四十）年の記事だ。この記載は誤りがあり、正しくは〇八年のことでる。

十二月、母〔キヨ〕死す。姉卓子家政整理に帰国。其間小石川区第六天町の宮崎滔天方にあずけらる。この母の死を期として、故郷の一家ついに離散。二児の養育費として少許の書画珍器をのこすのみ。

> 前田一家のこの悲運にかてて加えて、宮崎滔天また支那革命成らず、貧窮の極に達す。姉卓子の帰国中、幼少利鎌ら教育費にあつべかりしそれらの珍器を吉原角海老楼に質入して、わずかに運動の資金に代うる等の悲惨事あり。

利鎌の年譜としては、少し異様な記事だ。利鎌の事跡ではなく、彼の環境をめぐる内容だからだ。それをわざわざ記述したことに、卓の無念がしのばれる。この年譜は、卓らの記憶にもとづいて、松岡がまとめたものだ。姉であり、養母でもあり、共に暮らした卓の記憶と意向が強く働いてまとめられたにちがいない。母親が亡くなった年の記憶ちがいは、利鎌を失った彼女の動揺を示している。そしてこの記事は、前田家の「没落」の決定打を語っているのだ。「質入れした」とあるが、売られたと同じだった。その後、それを請け出したという記事はなく、利鎌の生育には「貧窮」の文字がつきまとうからだ。

「一家離散」とは、故郷の家屋敷を全部手放し、帰る拠り所をなくしたということだろう。実は、それに先立つ〇七年一月に、利鎌は生母・はな、兄・覺之助と共に上京していた。卓が飯田町に借りた家に、同居したのである。幼い二人の弟を、頼る人もいない故郷に残したままではいけない。民報社で働くかたわら、彼ら親子のめんどうをみようとしたのだ。卓にとってそれは、自分が上京したときからの計画だったのかもしれない。利鎌兄弟は富士見小学校に転校した。

母・キヨが翌年十二月十一日に亡くなるのを前に、卓は熊本に帰った。最後の世話をし、看取ったのだ。その間、利鎌母子は滔天の家に預けられた。卓は母の死後、すべての家産を整理した。

それによって熊本・小天の前田家の痕跡は、文字通り跡形もなく消えた。そしてわずかに残された利鎌兄弟のぶんの書画骨董を、滔天の家に送った。その遺産を滔天は運動のため手放したといういきさつである。東京に戻ってそのことを知ったとき、彼女はかなり怒ったのではないか。これだけは、手放すべきではなかった、と。

　こうして利鎌兄弟は、資産家とされた家に生まれながら、ほとんどその恩恵を受けることなく育ったのである。むしろ徹底的に没落していく過程のなかで成長したのだ。それはまさに流転ともいえる姿だった。

　まず、前田家が一家離散となったころ、民報社もさまざまな弾圧のなかで解散に追い込まれる。卓は新たな働き口を探し、東京養育院の保母となって住み込みで働き始める。その間、利鎌らは滔天の家に同居し、共に引っ越ししたりしている。それでもなお利鎌は、一九一〇（明治四十三）年三月には、小学校を首席で卒業し、郁文館中学に入学する。そして同年九月には、母と兄と共に浅草玉姫町で暮らすようになる。「一家貧窮のどん底にあり、時には生母寄席の三味線まで弾き、また母子共々玩具の下張りまでして、わずかに口を糊（のり）せし事あり」という暮らしである。さらに一九一二年には、吉原大火で罹災し、浅草田町、下谷池之端花園町と三人で移転を繰り返した。そして十二月には、本郷東片町の兄・行蔵の家に引き取られるのである。三人の暮らしが立ちゆかないことを見かねてのことだろう。

　利鎌らのこの流転の最中に、中国の革命運動は風雲急を告げていた。

　一九一一年十月十日の武昌（ぶしょう）での蜂起をきっかけに各地で清国政府からの独立宣言が相次ぎ、

ついに翌年一月一日、孫文が臨時大統領に就任し、中華民国の成立を宣言したのだ。第一次辛亥革命の成就である。

利鎌の年譜は、兄・行蔵の家に引き取られた記述のあとに、こう記している。

　この年、第一次支那革命成り、一族年来の宿志漸く遂げられしも、物質的に酬いらるるところ少し。

ここに、前田家姉弟の複雑な思いが凝縮している。熱く思いを捧げた積年の望みが成し遂げられた。それを喜び祝いつつも、来し方と今現在の貧困に暗澹たる思いもあったのではないか。

利鎌はこうしたなかで、十歳から十五歳までの思春期を過ごした。彼の内面には、自由民権運動の思想をシャワーのようにあびて育った上の姉弟たちとは、また違ったものが貯えられたに違いない。何しろ幼いころからたっぷりと不条理を味わってきた。老いた父親、年の離れた兄姉、産みの母親と戸籍上の母親の二人の母。資産家の家に生まれたらしいが、物心つくころには、さほどのことがなく、父親や姉弟たちが争っていた。東京に出て来ると、兄姉たちは中国人たちと交わり、なにやら不穏な空気が流れていた。そしてひどく貧しかった。兄姉たちの目指しているものは、成長するにつれて断片的に理解できたかもしれないが、自分のこととは思えない。これから先、自分はどう生きて行ったらいいのだろうという思いが、積み重なっていったことだろう。

何しろ、貧困と流浪のなかでも、小学校以来首席を通した頭脳明晰で多感な少年である。その屈託が、まずは文学に向かわせたようだ。利鎌十五歳の一九一三（大正二）年の年譜には、このころから文学書を耽読するようになったと書かれている。国木田独歩、高山樗牛（たかやまちょぎゅう）、夏目漱石、ルソー、トルストイ、ツルゲーネフなどを愛読した。

そしてこの年、利鎌は母親や兄と別れて、卓と暮らすようになる。いずれは、三十歳年の離れた卓の養子にということだった。

前田卓は三度結婚したが、いずれも長続きしなかった。自由平等の精神と激しい気性で、当時の家族制度に収まらない人であった。財産分け問題の先頭に立ったのも、また、民報社の首謀者と目されるようになったのも、この精神の強さと激しさを物語っている。それでいて、お嬢さん育ちのつややかさも持っていた。老いてなおパッと人目を引く華やぎがあったという。男勝りで色香あふれる『草枕』の那美にも、そうした卓の片鱗がある。後に漱石と再会したとき、「そういう方であったのか。それでは一つ『草枕』も書き直さなければならぬかな」と語ったのは、この卓の足跡を聞いてのことだろう。

母親は違うものの利鎌と卓は、性格的にも似通っていた。内面にどんなに苦悩を抱えていても、表面的には闊達にふるまう明朗さだ。おそらくそれは、父親・案山子から受け継いだものだろう。案山子は自由民権に奔走しながらも、書画骨董を愛し、どこかユーモラスであった。卓にも闊達で明るいさまざまなエピソードがある。そして利鎌も同じだ。まだ十代の貧しい青年が、偶然出会った文豪夏目漱石に、物怖じせずに名乗りを上げるなどはその気性なしには考えられない。すぐに手紙を書き、許しが出れば、とことこ木曜会に出かけていく。漱石が亡くなった後も通いつづけ、家族や松岡譲と親しく交わったことは前述したとおりだ。年譜は、「すこぶる恬淡無邪気の風あり」と書いている。卓と利鎌は、案山子の気性と才知を、最もつよく受け継いだ姉弟だったように思う。

さて、卓との正式な養子縁組みは、同居から二年後に結ばれた。年譜には次のように書かれている。

予〻黄興深く彼を愛し、姉卓子の養子とすべき事をすすめ居りしが、黄興アメリカよりの帰途日本に立ちよりしを幸い、ついに時至り、卓子の養子として入籍。

養子縁組には、中国の革命家の勧めがあったという。黄興は孫文と並んで、辛亥革命を導いた指導者である。この記事の翌年に亡くなっているので、次第に忘れられていったが、辛亥革命に果たした役割は大きかった。孫文が海外を渡り歩いて、海外諸国の支持を集めていたのに対し、日本で同盟会の中心人物として組織作りに尽力し、自ら何度も中国に渡って武装闘争をくり返した。中華民国臨時政府では、陸軍総長兼参謀長についた。そして、革命の混乱に乗じて袁世凱が勢力を伸ばし、独裁色を強めると、再び孫文と共に第二次、第三次の革命を起こしている。しかしそのつど敗退し、日本やアメリカに亡命した。この記事のアメリカからの帰国は、その第三次革命失敗後のことだ。中国に戻り、また戦おうとしていた途次、日本に立ち寄ったのだ。この時、彼が翌年に亡くなるなど、もちろん誰にもわからなかった。

この黄興と卓は、民報社以来、特に親しくしていた。当時、黄興の母親と妻子は東京に住んでおり、家族ぐるみのつきあいだった。上京してきた利鎌とも、何度も会うことがあったのだろう。かねてより、利発な利鎌を愛していたらしい。実は松岡譲の小説『素顔』には、黄興は利鎌を自分の養子にしたいと望み、その前段として卓の養子としたという記述がある。そのようなことを松岡が創作したとは思えないから、利鎌が書いた『没落』にあった内容だろう。いずれにしろ十七歳の利鎌は、姉の養子になった。そしてその年の七月、第一高等学校文科に入学する。大学卒業まで、旧藩主細川家の奨学資金を受けたという。大学卒業後は東京高等工業学校の講師になり、亡くなる一年前に教授に就任している。

「民報社の家族」

張継　何天烔　前田卓　福田ナイ　宋教仁

（1907年頃）

華興会の指導者たち

前列：黄興〔左端〕　宋教仁〔右から２人目〕

（1905 年）

五　『宗教的人間』

三十二歳の若さで急死した前田利鎌が、生前に書き残した論文のほとんどを集めた『宗教的人間』の内容は、実に多岐にわたっている。

第一章「臨済・荘子」は、禅宗の宗派の一つ臨済宗を起こした臨済と、老荘思想の荘子を中心に、他の禅僧や東洋思想家の姿と思考を描き、彼らに共通する、明朗闊達な「自由人」としての思想と精神を詳しく論じる内容だ。第二章「一所不在の徒」は、イエス、ロマンチケル、ファウスト、芭蕉、一休、サアニンなどの項目が並び、実在の人も小説の登場人物も並列で論じているのは、いずれも放浪する人の精神のありようだ。ここでも「自由」の意味を問い続けている。そして、第三章「「ファウスト」の哲学的考察」は、大学の卒業論文だ。前述したように、卒論とはいえ内容のレベルが高く、主任教授の桑木厳翼博士から、哲学雑誌への発表をすすめられたという。

これらの内容を読むと、利鎌が日本、中国、ヨーロッパ等古今東西の、哲学、文学、宗教、思想を貪欲に渉猟し、思考し、発言していたことがわかる。第二章には「「妖怪」と仏教」という論文もあり、共産主義まで論じている。

対象は多岐にわたっているが、それらを分析して追求していくテーマは、ある一点に収斂している。それは人間にとって自由とは何かであり、その自由人としての生き方とはどのようなものか、ということにつきる。

そのことについては、最初の論文「臨済・荘子」の「前語」が端的に述べている〔引用は岩波文庫版による〕。

> この書に取り扱われているものは、概して古代人ともいうべきものに属している。しかし自分の興味は決して、それが古代の人という点にあるのではなくして、彼らがみな偉大なる自由人なるがためである。〔…〕自分は長い間かかる自由人を模索して来た。そうして最後に禅門の扉を敲(たた)いて見た時に、正(まさ)しく禅門の第一義は徹頭徹尾、かかる自由人を打出(だしゅつ)するに外ならぬことを発見したのである。

自分が取り上げる古代人は、すべて「偉大な自由人」である。自分は長い間そういう人を求めてきた。そして、禅こそが、そのような自由人を生み出す思想だったというのである。この切り口から、改めて臨済や荘子を論じたのが第一章であり、第二章も、イエスや芭蕉など、禅以外の人々に共通する「自由人」の姿を見ていったということだろう。利鎌が問題にしているこの場合の「自由」とは、束縛からの解放という意味ではなく、「自分に由って立つ」という意味である。

ひろさちやの『釈迦』(春秋社)によれば、禅に限らず釈迦の考えた仏教の根本思想が、この「自由」な生き方を求める思想なのだという。言葉を換えればそれは「中道」ということになるらしい。さまざまな難行苦行を経た釈迦が、そこから離脱して得た最初の悟りの思想である。

「中道とは、互いに矛盾・対立する二つの極端な立場——仏教語ではそれを〝二辺〟と呼ぶ——のいずれからも離れて自由になった立場に立って生きることである。〔…〕自由というのは自分に由ることである。われわれはたいてい世間の標準によって生きている。それは世間由だ。自由とは違う。自由は、そんな世間の標準を離れること」と、ひろさちやは述べている。極端な苦行にも、またその反対の快楽にも走らない。釈迦はその「不苦不楽の中道」を行く決意をし、それを自分の思想の根本に置いたということだ。

利鎌は今ある膨大な仏典や仏教の宗派のなかから、その釈迦の根本思想を最も伝えるものとして、禅に行きついた。よくわからない会話を禅問答というように、禅と言えば一般には難解なイメージが強い。だがその禅宗を、利鎌は自由人を目指す指針だと断定した。彼自身がその発見に驚き喜んだ。「前語」の文章の躍動感は、その喜びにあふれている。そして、古いイメージに埋もれ隠されたその真実を掘り起こし解放し、そのことを少しでも多くの人に伝えたいと願った。それがこれらの論文なのだ。文章にはその意気込みがあふれている。「前語」は次のように続く。

われわれの精神的な父祖のうちに、今まで予期しなかった偉大な自由人が、健康な双脚を張って行くのを発見した時、自分はかつ驚きかつ喜んだ。しかし現代においては、この自由人とその深刻な鍛錬道とは徒らに古書の堆き中に埋没されて、かつてかかるものの存在したことすら忘却されかかっている。禅門の伽藍はあっても、その精神性は已に断末魔に瀕しているのではなかろうか。時の流れに押し流されそうになっている、その廃墟に佇んで、自分は懐古の念に打たれずにはいられない。随って、やがて亡び行かんとする古代人の面目を描くことは、あるいは一種の挽歌にすぎないかも知れない。しかしこの挽歌も、時にはいわゆる「一箇半箇」の共鳴者を見出し得ないとも限らない。自分はこの一箇半箇に向って呼びかけたいと思っている。

長い年月のあいだに、その根本思想は忘れ去られ、仏教は形骸化している。立派な寺はあっても、それを守る僧にも大衆にも仏教の精神は見当たらず、仏教は断末魔といってもいいありさまだ。しかしその奥に分け入って行けば、偉大な自由人の足跡が数々あった。その発見に驚き喜び、それを現代によみがえらせたいと願った。しかもその目を通してみれば、西洋の哲学や宗教、文学にも共通の自由人の姿がある。そのことも現代人に知らせたい。それは死者をおくる挽歌かもしれないし、理解する人はわずかかもしれない。だが、それでもそのわずかの人に呼びかけたい。

――『宗教的人間』の論文の数々は、そのようにして書かれた。

そして、そういった明快な視点にたつまえの利鎌の考え方を示すのが、大学の卒業論文「「ファウスト」の哲学的考察」だろう。ゲーテが生涯をかけて書いた『ファウスト』を通して、ゲーテは何を主張したのかの考察である。利鎌にとっての禅を知るうえでも、この論文を見ておいた方がいいように思う。カントやスピノザ、ニーチェら西洋哲学の学識を縦横に使ったこの論文を私が理解しきれたかどうか心もとない。でも、利鎌が語ったのは、おおよそはこんなことではないだろうか。

まず、ゲーテは自然主義者スピノザの学徒であり、その哲学上の自然主義に立脚して『ファウスト』を書いた。自然は破壊と創造など相矛盾するすべてを飲み込んだ現実であり、人間は常にその部分の部分しか認識できない。すべてを把握することは不可能だ。冒頭のファウストの絶望はそこにある。しかし人間もまた自然である。ゲーテはこの人間の自然性に立脚し、ファウストの行動を通して、その生命力の開花を探求しようとした。あるがままの人間性を肯定し、その存在の最も高く美しい完成形を築きあげることを目指した。利鎌が最も着目したのは、この「生命力」である。生命力は創造性によって最も輝く。そして創造は、破壊と一体だ。新しい創造は、必ずその前の創造を破壊することから生み出されることは、数々の芸術の歴史が示している。また、まだ創造する力のない幼子が破壊に歓喜するように、創造と破壊は一体のものなのだ。あるがままの人間性の肯定とは、その両者のことであり、欲望のまま邁進して勇敢に没落していくファウストを描く『ファウスト』は、悲劇の賛歌である。充実し緊張みなぎる生命力はそのまま力であり、その力が美であり善である。

利鎌の論旨を、私はだいたいこのように読み取った。さまざまな論証になるほどと思ったが、特に「美は、充実緊張する生命そのものの相のうちに求むべきである」という言葉にひかれた。漱石が繰り返し主張した「花は紅、柳は緑」という言葉の真意は、これだったのかと納得したからだ。それはただあるがままの美という意味ではなく、そこに「生命力がみなぎっているからこその美」なのだ。前述したように、それは利鎌の座右の言葉でもあった。漱石亡き後、彼の書斎で洋書を読みふけったという利鎌は、そこでゲーテやスピノザに出会ったのかもしれない。そして、漱石の言葉を、それらを通して深く理解したのではないか。

この論文には、そうした考察のなかで、何回か、「これは禅門にも通じる」とか「荘子に通じる」などの言葉がはさまれている。この論文を書いた当時、利鎌はその端緒を発見していたのだろう。ただ、まだ完全には解明できなかった。なにしろ禅の研究を始めたばかりだったからだ。担当教授のすすめにもかかわらず、まだ不十分だと雑誌への発表を見送ったのは、そのことがあったからではないだろうか。

そしてその後、わずか数年のあいだに、「通じる」という予測は確かなものに変わった。禅や荘子の理解も深まり、「自分に由って立つ」生き方を、古今東西のさまざまな思想と人間像のなかに発見していったからだ。利鎌はその確かなブリッジを手に、「臨済・荘子」などの論文へと進んでいった。「臨済・荘子」での、臨済への躍動感あふれる論考、荘子の認識論への精緻な思考は、二〇代後半の論文として、かなり高度なものといえるように思う。だが、前田利鎌の『宗教的人間』の内容について、これ以上は立ち入らない。哲学の研究者でもない私にとって、一つ一つの論文を詳細に論じることは手に余る。それに、西洋哲学から出発し、東洋思想と禅も研究し、自ら禅門に入って思考した結果、それらに共通の「自由人」という概念を利鎌が発掘したということだけで、十分なように思えるのだ。それを語る利鎌の溌剌とした文章の魅力は、さきほどの「前語」でも感じて頂けると思う。前田利鎌が平塚孝子に恋をしていた当時、彼はその探求の真っ直中にいたのである。

さて、こうした足跡をたどっていくと、そこには、単に学問的探求心だけで突き進んだわけではない、利鎌のある差し迫った姿を見る思いがする。彼にとって学問は、生き方の探求と一体であったと思える。幼少時からの深刻な人生体験が、人間とは何かを探求せずにはいられなかったのだろう。

『宗教的人間』というタイトルは、松岡がつけた。利鎌の研究の根本には常に「真の人間とは何か」というテーマが貫かれていたこと。そしてその研究姿勢が、宗教的といってもいいほどの熱烈さを持っていたこと。さらに、東京帝大哲学科在学中から禅宗に傾倒しはじめ、後には熱心に参禅するようにもなるという、まさに宗教的人間だったからだ。そして、「この本が立派であるのは、文は人なりで取りもなおさず著者その人が立派であるからだ」（『素顔』作者付記）と、松岡は書く。そして「本としての立派さ」をこう指摘する。

この書の面目は彼が永年師について参禅をやり、本式に禅の修行をしながら、その西洋哲学の教養をもって臨済荘子其他幾多東洋精神の源泉を現代的に再認識したところにあるのだ。その生命のこもった熱情と豊かな文藻と合いまって深く人の心を打つものがあるのである。（同前）

西洋哲学の方法論を通して東洋思想を分析し、その結果それらの思想が決して過去のものではなく、現代にも通じる根本的な意義があると再認識したという利鎌の成果は、明治維新以降、多くの知識人が直面した問題への一つの回答だったのではないか。新しく出会った西洋思想やキリスト教はまぶしかった。だが、それらをむさぼるように学んだところで、本来の自分に深く根を下ろしている、仏教や東洋的思想との断絶にとまどう。漱石をはじめ、その問題で苦悩し格闘した事例はたくさんある。当時の知識人は、ノイローゼになるものが多かった。

利鎌は、その断絶を乗り越え、東洋思想を再評価した。利鎌が身をもって格闘しつつ学び、考えたなかでの発見だった。だからこそ、「この高貴な魂の遺産が、一人でも多く同信の友の胸に宿らん事を期し又希うものである」（『宗教的人間』編輯者の言葉）と、松岡に書かせたのだ。

もちろん、禅を通した西洋哲学の研究、あるいはその融合を目指したのは、前田利鎌一人ではない。偉大な哲学者西田幾多郎（にしだきたろう）は、その両者を踏まえた独自の哲学をすでに展開している。西田は利鎌とは逆に、まず禅から始めた。彼自身のさまざまな人間的苦悩から、金沢の第四高等学校講師となった一八九六年ごろから参禅するようになり、居士号を得るほどの修行を重ね、その間に次第に西洋哲学を学ぶようになり、一九一一年に『善の研究』を出版したことはよく知られている。それは、両者の単純な融合や解釈ではなく、上田閑照（うえだしずてる）がいうように、「考えるな」という禅と、「考えよ」という西洋哲学の大きなギャップに、真剣に身を投じて生み出したものだ。それは西田独自の思考であり、独自だからこそ難解だ。西田哲学の解説書がどれもその難解さを語るところから始まり、その解説書さえ難解と思う私など、語ることは何もないのだが、ただ、利鎌の前にそのような先人がいたこと、そして哲学を学ぶ者として、利鎌も当然『善の研究』は読んだいただろうことを思うだけである。しかし、『宗教的人間』には、西田哲学への言及はない。利鎌もまた、禅と西洋哲学をふまえ、独自に「自由人」――自分に由る人間の探求に踏み込んだのだ。そこに利鎌の切実さを、私は見る。

切実だからこそ、その文章は人の心を打つ。『宗教的人間』はベストセラーになった。松岡の願いどおりになった。しかもそれは予想を超えていた。「私達関係者は非常に喜びもし又面目も施した」(『宗教的人間』改版の後書き)と、松岡は喜んだ。それは一時的ブームではなく、七年の間に「その間絶えず健かなる呼吸の如き売行きを示した」(同)のだという。関口安義(せきぐちやすよし)著『評伝　松岡譲』(小沢書店)によれば、その流れは、「昭和十三(一九三八)年五月までに十二刷を発行、紙型を摩滅する。そして翌十四(一九四〇)年三月二十五日、四六版に改版新装した本が同じ岩波書店から出ている」。この種の哲学書が数年にわたって売れ続けたことは、やはり異例といっていいと思う。

そして、この利鎌の著書は、今もなお読みつがれている。『宗教的人間』は、岩波版が絶版になった後の七〇年に雪華社から刊行された。さらにそのなかの主要論文「臨済・荘子」は、九〇年に岩波文庫になって増刷を重ねている。しかも後述するように、その価値は今もうすれていない。

では、利鎌は、どのように禅に近づいたのか。

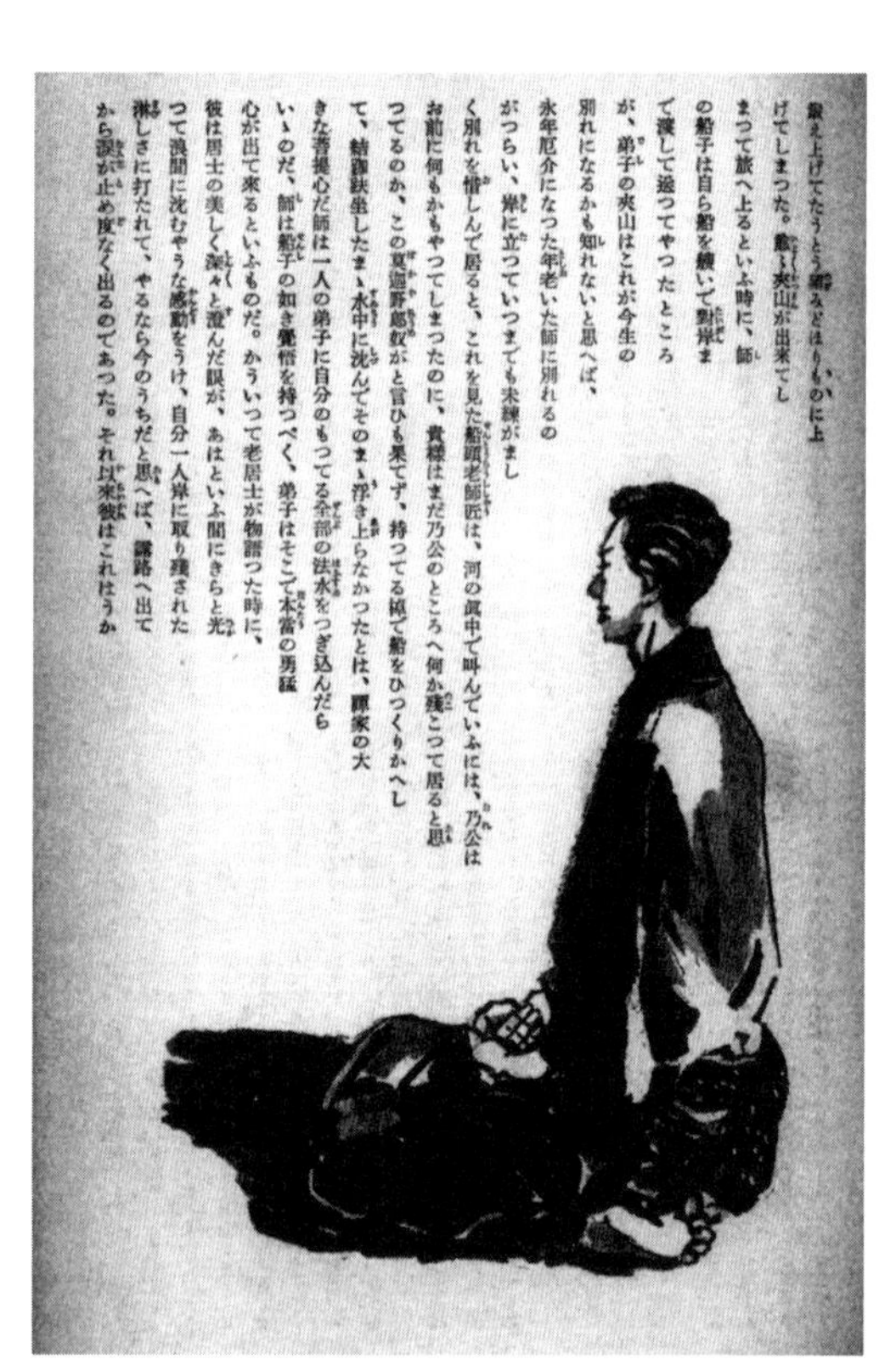

鍛え上げてたうとう望みどはりものに上げてしまつた。軈て夾山が出來てしまつて旅へ上るといふ時に、師の船子は自ら船を操いで對岸まで渡して送つてやつたところが、弟子の夾山はこれが今生の別れになるかも知れないと思へば、永年厄介になつた年老いた師に別れるのがつらい、岸に立つていつまでも未練がましく別れを惜しんで居ると、これを見た船頭老師匠は、河の眞中で叫んでいふには、乃公はお前に何もかもやつてしまつたのに、貴様はまだ乃公のところへ何か殘こつて居ると思つてるのか、この夏迦野郎奴がと言ひも果てず、持つてる棹で船をひつくりかへして、結跏趺坐したまゝ水中に沈んでそのまゝ浮き上らなかつたとは、禪家の大きな菩提心だ師は一人の弟子に自分のもつてる全部の法水をつぎ込んだらいゝのだ、師は船子の如き覺悟を持つべく、弟子はそこで本當の勇猛心が出て來るといふものだ。かういつて老居士が物語つた時に、彼は居士の美しく深々と澄んだ眼が、あはといふ間にきらと光つて浪間に沈むやうな感動をうけ、自分一人岸に取り殘された淋しさに打たれて、やるなら今のうちだと思へば、露路へ出てから涙が止め度なく出るのであつた。それ以來彼はこれはうか

小説『素顔』第２回の挿絵

〔松岡譲著・坪内節太郎絵〕

〔雑誌『真理』1937 年〕

六 前田利鎌と禅との出会い

さて、では、長い間自由人を模索し、最後に禅門にたどり着いたという前田利鎌の道筋は、どのような流れだったのか。それを利鎌の年譜と他の資料もあわせて見てみたい。前にも述べたように、年譜にはしばしば年号の記憶ちがいがある。それは利鎌の急死が与えた衝撃の強さによるのだろう。松岡自身「茫然自失した」とされる。その動揺を引きずりながら、一周忌を前にこの本の出版にこぎつけたのだ。けれども、多少の年号のズレはあっても、周囲の人々が見ていた彼の姿は、そう変わらなかったと思う。

中学生のころ、漱石やトルストイなどをむさぼり読んだ利鎌は、一高に入ったころから文学よりも哲学に興味を移していった。ショーペンハウエルやニーチェに始まり、カントやゲーテなどに進んでいった。食事も本を読みながらという熱中ぶりだったという。そのころから漱石のもとに出入りし、松岡とも出会う。一九一九（大正八）年四月、東京帝国大学文学部哲学科に入学し、西洋哲学をさらに本格的に学んでいく。そして、禅宗に出会ったのもこのころらしい。同年の年譜には次のように書かれている。

> 八月、葉山に病後を養う松岡譲氏を訪ね滞在数日。同宿の下川芳太郎氏と識り、禅に対する興味をそそらる。
> 十一月、決然禅により自己の転回を計らんと志し、単身当時神戸にありし久参底の下川氏を訪ね、つくべき師を求む。氏、岡夢堂居士を紹介す。即ち帰来直ちに谷中三崎町の居士が法窟をたたき、入室参禅その鉗鎚をうけ、毎日曜日提唱を聴く。

きっかけは松岡だった。彼は前年重病をわずらい、このころはすでに完治していたが、さらに療養のため葉山に滞在していた。そこを利鎌が訪れ、数日滞在した。その宿で、下川芳太郎と出会う。下川は、当時神戸在住で船舶会社に勤めていたが、禅を深く研究していた。「久参底」というのは、禅の修行に習熟した人という意味であるらしい。その彼によって、禅への興味をそそられた。そして十一月に、東京では誰のもとで修行したらいいのかと、神戸まで下川を訪ねていったという。たった三ヶ月の急展開である。

下川芳太郎との出会いが、禅宗への興味のきっかけになったのは事実だが、ここに年号のちがいがある。そんな短期間に、禅について猛勉強し、禅こそが自分の生き方の指針であると思い定めたというのには無理がある。性急に過ぎるし、安易な熱狂のように見える。やはり事実はちがった。実は、利鎌自身が、『宗教的人間』第一章「臨済・荘子」のなかの論文「夢堂老漢」に、いきさつを書いている。毎週日曜日に教えを受けに通い、私淑した師・岡夢堂についての論文だ。その書き出しに、禅との出会いを述べているのだ。

「自分が未だ一高に在学中、ある暑中休暇に葉山の海岸に行っていた頃、ふとした奇縁から同宿中の白皙（はくせき）の美丈夫――といってもその頃、已に三十四、五歳位の下川芳太郎氏なる人と相知るに至った。〔…〕ただ実に気持のいい人だという意味で、一種不可思議の牽引力を感じていた。そして自分としても、その頃は禅の「ぜ」の字にも別に興味があった訳ではなく、ただ何となく言うべからざる魅力が自分を同氏にくくり付けてしまったのである」と、下川との出会いを描く。まずは下川の人間的魅力にひかれた。そして、「自分がある動機から禅門をくぐって見たいと決心したのは、大学三年の頃であった」というのだ。たった三ヶ月ではなかった。下川との出会いから、少なくとも二、三年をかけて、利鎌は禅に傾斜していったのだ。

そして下川の側の資料もある。下川の著書『居士禅』巻末の年譜だ。「居士」とは寺に入らず、在家のまま修行するひとのことをいう。下川も夢堂もその一人であった。この著書の年譜は、昭和九年に亡くなった下川が、その前年に自身で書いたものだ。それによると次の通りだ。

大正七年　葉山にて前田利鎌と知る。
大正八年　前田氏来神〔当時下川は神戸に住んでいた〕禅要を問う。参禅の志しあり。これを止む。
大正九年　前田氏再来参禅を求む。岡夢堂居士を紹介す。

おそらくは、この流れなのだ。

葉山で出会ったのは、利鎌も「一高在学中」と書いているから、一九一八（大正七）年。下川はその年上京中に喀血し、東京の病院に入院。その後、葉山で療養していた。五月と七月にそれぞれ一ヶ月ほど滞在したようだ。出会いは七月だろう。宿は日陰茶屋だったという。その宿に松岡譲が来、利鎌もやって来た。この年の七月に、松岡と利鎌は一緒に富士登山もしている。両者の年譜にそうある。とすると、葉山の滞在はその前後だろうか。

そのころ三人は出会った。利鎌はまだ禅に興味を持っていない。初めは真宗の寺出身の松岡の方が、下川と意気投合したのではないか。しかし利鎌は下川に磁力を感じた。東京に戻り、禅の研究を始める。そして、「自由人」を模索し西洋哲学を学んできたが、その目指す思想がどうやら禅にあるらしいと彼は発見した。禅によってこそ、自分は生きられるのではないかと、急激に傾斜する。その「転回」のためには、さらに徹底して禅そのものの修行をしなければならない。東京にいてその指導をしてくれる人物はいるのか。その教えを乞いに下川のもとを訪ねたのだ。それが一九一九（大正八）年。だが、その時下川は、申し出を断った。

利鎌は、「夢堂老漢」で、その時の下川の理由をこう書く。「同氏の言によると、現在の禅門の空気ないしは遣り方は、それほど面白いものではないから、入っても直き嫌になるかも知れない、と言って中々自分の乞いを受け入れてくれなかった」。一般的な禅宗の寺や僧侶は、禅本来の思想から離れている。だから安易にすすめることはできないということだろう。それによってこの青年の禅への熱が冷めたら元も子もないと、下川は配慮したのではないか。そしてそれに続く「それでも自分の牢固たる頼みに、やっと先生への紹介状を書いて」くれたのが、一九二〇（大正九）年なのだ。紹介されたのは、臨済宗の在家出家である岡夢堂。おそらく利鎌の熱意が、前年よりも強かったのだ。それでもなお、青年の一時的な情熱と危ぶんでもいたようだ。「この人ならばあなたに多少の満足を与えるかも知れない。しかしそれも保証の限りではない」、と下川はクギをさしている。

利鎌はその紹介状を持って東京に戻り、夢堂のもとを訪れた。以後、夢堂が亡くなるまで、師と仰ぎ、彼の下での修行が続いた。そして彼の死後は夢堂と下川の師である平林寺の大休老師のもとに通う。その修行は三十二歳で急逝するまで続くのである。決して若気のいたりでもなければ、一時的な気の迷いでもなかった。禅がその後の彼の人生の基盤になり、哲学研究の推進力にもなっていったことは、『宗教的人間』の諸論文を読めばわかる。禅と夢堂は利鎌にとって背骨であった。松岡の書いた『素顔』にも、夢堂は重要な登場人物「大岡夢洞」として出てくる。もちろん、利鎌の『没落』に登場していたからだ。そして、史朗と夢洞との関係もまた、利鎌と夢堂との現実をもとにしていることはいうまでもない。

松岡、下川、夢堂という流れとトライアングルが、利鎌にとって決定的だった。下川と夢堂はもちろん同門の友である。共に在家でありながら、既存の禅宗を名乗る寺や僧侶たちの空気を堕落と思い、本来の禅の姿を追求していた。下川はその志の先輩としての夢堂を信頼していた。東京に行けば会い、手紙のやりとりもしている。喀血して心弱くなったとき、夢堂が見舞いに来た。

そして、豪放磊落な励ましに、「この仁に会えば元気が出て来る」（『居士禅』）と書いている。そして、宗派はちがうが、松岡と下川もまた、密接に結ばれていた。『宗教的人間』の再版の編集後記に、松岡はこう書いている。「前田君が私にとって七歳の弟であったのと反対に、下川君は七歳の兄であって」。そして、利鎌が亡くなり、遺稿集を出そうとしたときも、下川が「本書の出版に陰に陽に力を添えてくれた」。だが、その下川も、一九三四（昭和九）年に亡くなった。そして、彼の遺稿集『居士禅』を編集したのも松岡だった。「私はわずか四年の間に二人の友人の遺稿を編集する不幸をしみじみ味わったわけである」と記すのだ。

では、利鎌を禅に導いた下川芳太郎と岡夢堂とは何者なのか。

まずは下川だが、彼の著書『居士禅』の自筆の年譜によると、下川芳太郎は、一八八四（明治十七）年、長野県北安曇郡神城村（現・白馬村大字神城）の富農の家に生まれた。一人息子の暴れん坊で、小学校では毎日廊下に立たされていたという。だが勉学への興味も強く、尋常科、高等科、補修科と、彼がその科を終えるごとに新たに設けられた制度に従って、進級しつづけた。父親が家を離れて不在だったため、山林の管理や小作米の取り立てなど、家長的な役割もはたしながら、学びつづけた。「同窓中にて最も長く学校に止まるものなり」と書いている。十六歳の時には、新設された第三種講習会（後の長野県師範学校）に出席し、小学校准訓導の資格もとっている。そして長野県立大町中学校が一九〇一（明治三十四）年に設立されると、十八歳で入学するのだ。入学年齢は遅かったが、何事にも積極的で、級長のほか弁論部や雑誌部の幹事をつとめ、漢詩や和歌を学んで雑誌に投稿したり、キリスト教にも関心を持っていく。二年生のときのエピソードに次のようなことがある。母親が重病と聞くと、下宿先から二里（約八キロ）離れた大町の学校に行き、そこから五里（約二十キロ）の家に帰り、それから八幡神社、善光寺、戸隠神社に参るため、一日に二十七、八里（約百十キロ）を歩き通したという。母を思う心で一途に歩いたと思うが、当時の道路事情を考えるまでもなく、驚くべき行動力だ。父親に去られた母親への深い愛を示している。年譜には、「常に母をいたわる」「祖母特に母を愛す」のことばがある。その行動力は、翌年にも発揮された。大阪市で開催中の全国大博覧会（第五回内国勧業博覧会）を見るため、友人とともに無銭の徒歩旅行を敢行するのだ。その距離「十三ヶ国三百里以上」である。運動会のマラソンではもちろん一等賞だったし、柔道、剣道、野球、器械体操の選手としても活躍した。まさに、精気と意欲にあふれた、文武両道の明治の青年だった。

そして、五年生のとき、母親が亡くなると、家業の農業を継ぐことをやめ、学問をつづける決意をする。一九〇六（明治三十九）年、大町中学校を卒業し、東京第一高等学校英法科に入学。四年後には東京帝大法学部政治学科に進んだ。政治や法律を学び、政界にかかわっていく野心を持っていたようで、板垣退助や若槻礼次郎、陸軍大将などを積極的におとずれ、時事についての考えを質問し、意見を交わしたりしている。だが、高校在学中に肋膜炎になり、一年間入院したころから、その志に別の要素が加わっていく。同じ病院に入院して出会った友人らの影響で、仏教、特に禅に近づいていくのだ。特に、哲学について熱心に意見を交わしていた親友の佐藤禎一が、大学三年生のときに鎌倉で自殺したことをきっかけに、急速に禅に傾斜する。

下川が亡くなったあと、松岡譲の手によって編集・出版された『居士禅』は、下川の日記を編集したものだ。五百部限定の自費出版。大学二年の一九一一（明治四十四）年から、亡くなる一九三四（昭和九）年までの二十四年間の日記である。そのなかから、主に彼の精神生活や禅と関わる部分を抜粋し、ほかにいくつかの参禅記録もふくめてまとめたという。それは下川が望んでのことではない。

下川は、江戸時代につくられた公案集である「宗門葛藤集」というものに、長年注釈をつけていた。「公案」とは、修行者が悟りを開くために与えられる課題で、いわゆる禅問答といわれるように一般人には難解だ。秘密に伝授されたという「宗門葛藤集」は、さらに難解な内容なのだろう。下川はその解釈にコツコツと取り組んでいた。

亡くなる数日前、見舞いに行った松岡に、意識混濁状態だった彼が突然目覚め、それを本にして欲しいと依頼したという。数日後に永眠するまでに覚醒したのはその時だけだったとされる。松岡はその約束を果たそうとした。だが、その内容はとても専門的で難解であり、一冊にまとめるのは難しいと判断した。その結果、周囲の同意を得て、彼の人格と心の修養を赤裸々に記録する日記をまとめることにしたのだ。その取捨選択には、松岡の作家としての視点も入っていたと思うが、「これこそ君の偽らない面目を伝える好個の記念だといいたいのである。そうして究極に於いて君の意志にもとるものではないという信念も付け加えておきたいのである」と、松岡は自負している。

さて、その日記は、一九一一年、伊豆の宿で迎えた元旦から始まっている。「この年は大いに身体を練り来たるべき大競争に供うる準備をつとめん」と抱負を書いている。

一高入学以来、肋膜炎で入院したことから身体への不安があり、まずは体力作りをと決意している。だがその二週間後、血痰が出る。その時は、聖書の一節などを引用し、くだらないことに思いわずらわず、少しでも自分にできることを成そうと、自分を励ましているが、憂鬱な思いはつづいていたらしい。当時、肺の病は死病であった。しかし茅ヶ崎の病院に通うなどしながら、勉学に励んだ。二年生に進むにあたって、二百十九人中六番の成績だったという。そして宗教、哲学に心の拠り所を求めていた。やはり、大町中学以来、高校・大学と同じく進み、同じ病を病んでいた佐藤禎一と、宗教やカントなどについて議論を重ねていたようだ。禅を勧めたのは、この佐藤である。

明確に禅を意識した文章は、八月二十六日付けに出てくる。「禅については春水〔佐藤のこと〕にもすすめられたり。〔…〕今少し重く、動かないところを養いたい、――今の性格上に不動心を加えたい。不動心がなくては、大事業ができない。不動心なるかな」。まずは、大事業への野心をつらぬくための心の修養としての禅であった。「天下に大業なさん」「国士大丈夫とならむ」など、青年としての野望を示す言葉がたびたび出てくる。しかし、身体に不安がある。それによる弱気を精神的に克服しようと、禅を学び始めた。だが、実際に修行を始めたのは、翌年十月以降になる。十月二十日付けに、初めて水道橋の是照院（ぜしょういん）という寺に行き、大体老師に紹介され、初めて公案を授けられたと書いている。

そのいきさつは日記には出てこないが、それより四ヶ月前の六月十七日に、親友の佐藤禎一が、鎌倉の海岸で入水自殺した。この衝撃が何らかのきっかけになったことは間違いないだろう。そして、毎月二十日ごろから一週間ほど、大休老師のもとで修行するようになる。参禅である。座禅を組み、説法や提唱〔禅の宗旨や禅僧の語録の解説〕を聴き、課された公案について自分の考えを述べる。初めのころは、師に打ち勝とうという敵愾心に燃えていた。だが、その野心を見ぬかれ、ことごとく打ち負かされて傷心し、また頑張るという繰り返しだった。最初の公案への答えが通過したのは、翌年二月のことだ。そしてその翌年、一九一四（大正三）年八月ごろになると、「功名富貴は得んとして得らるるものでもない」と書くようになる。「天下に大業なさん」といった野望は捨て、純粋に禅に傾斜していったのだ。大学を卒業する頃は、寺に泊まり込んでの修行をし、また、元自由民権運動の闘士で、衆議院議員を六期つとめたあと、引退して禅に打ち込んでいた大石正巳の元にも通うようになっていた。しかし肺の持病も一進一退で、不安は続いていた。佐藤の他友人二人も結核で亡くなっていたからだ。

利鎌と出会ったころは、神戸の明大汽船会社で働いており、そこで造船した船の進水式に出るため上京して倒れ、葉山で静養していたのである。その後下川は、帝大で再び学び、弁護士の資格を取って、神戸で開業。一九二六（大正十五）年からは東京で弁護士として活動した。これが下川の禅を中心としたおおまかな歩みだが、一つ付記することがある。それは、彼が大学二年のころから、渋沢栄一の家に寄寓していたことだ。渋沢の要請で、長男・武之助（たけのすけ）の家庭教師をしていた。この渋沢家との関わりも、彼の人生に大きな影響を与えたようだ。

次に岡夢堂についてだが、下川の日記のなかでも、豪放磊落な禅友として、何度か出てくるが、まとまった資料としては利鎌の『宗教的人間』の論文「夢堂老漢」のみになる。利鎌は敬愛してやまない師を、「臨済・荘子」のなかで、現代の禅家としてただ一人、臨済や荘子と並べて取り上げているのだ。そしてそれは、主に夢堂の禅家としての大きさや人柄を述べたもので、詳しい来歴はほとんどわからない。ただ、「先生は以前、判事か何かで、官途にあって長い間地方を転々されていたという話である」と記すだけだ。伊藤博文が朝鮮で暗殺されたころはその地にいて、朝鮮人やアメリカ人を向こうにまわし、闘ったと話したこともあるという。元士族でもあったらしい。しかし、政府の役人として終わることを潔しとせず、退職して清貧のなか、禅に打ち込む生活を送っていた。

夢堂のもとに通うようになったのは、一九二一（大正十）年十一月ころからと利鎌は書いている。下川に紹介されたのが、二〇年とすると、一年のタイムラグがある。神戸から帰ってすぐに駆けつけたのではなかったのか。それとも一度はすぐに駆けつけたが、熱心に通うようになったのはその一年後からということだろうか。ともあれ、二一年十一月ごろから、夢堂が亡くなる二五年二月までは、毎週日曜日に彼のもとに通い、禅への理解を深めていった。その三年余りの修行中に接した夢堂の姿と、彼が残した日記、下川の話などからまとめたのが「夢堂老漢」だ。

利鎌はまず、初めて見た夢堂の家の様子から書き起こす。それは谷中三崎町の実に狭い路地を入ったところにあった。周囲は汚い墓地や貧民窟に囲まれた陋屋（ろうおく）で、利鎌はそのあまりのみすぼらしさに「正直のところ、何となく嫌悪に近い感情に襲われた」と述べている。先に見たように、利鎌の暮らしも決して豊かではなかった。赤貧の少年時代を送ったのである。その目から見ても、嫌悪感を抱くというのは、どれほどのことか。しかし、そこで夢堂は上品な夫人と二人の息子と暮らしながら、「祖禅提唱――槐蔭窟」という看板をかかげ、禅三昧の日をおくっていた。当時六十歳、がっちりした体格で、えらが張り、団子鼻の魁偉な風貌の持ち主である。それでいて澄んだ眼をしていたという。いきいきと座談をしているときなど、「澄徹な秋の空を畳み込んでいるような深い明るさ」を発見したと書いている。

　夢堂が禅に出会ったのは、王陽明の『伝習録』を読んだのがきっかけだった。そのなかに禅宗に対する悪口が盛んに出てきた。『伝習録』を理解するために、禅の研究を始めた。そして、大徹老師、洪川和尚、宗演禅師ら近代禅のそうそうたるメンバーに師事し、最後に大休老師によって印可〔悟りを開いたと認められる〕された。大休老師には、下川もついており、利鎌も夢堂亡き後は、平林寺の彼の元に通うようになる。

　こうした紹介の後、この論文で利鎌が熱をこめて語っているのは、夢堂の自己省察の強さだ。かつて自分をおとしめた人物の悪評を喜ぶ心を責め、次男を結核で亡くし、葬式も出せなかった責任を厳しく問い、寄生虫的な寺院制度を批判しながら、自分もまた独立した生活を確立できていないことを責める。その姿を利鎌は、「深刻な人生悲劇の真っ直中にたった独り直面しながら、一方炬のごとき自己批判の眼を張って、歯を食いしばっている先生を想像できる」と書く。想像できるというのは、夢堂が決してその姿を見せなかったからだ。親しく交際していた下川も、

「このような悲痛な物語は一度も聞いたことがなかった」と話したという。

利鎌らはその激しい自己批判を、夢堂の死後、日記によって知ったのである。そして、常に豪放磊落にふるまっていた姿の後ろに、そのような思いがあったことを知り、改めて師の孤独と修養心の深さを思った。

利鎌が尊敬してやまなかったのは、貧窮と孤独を抱えながらなお、道を追求しつづけた夢堂の姿勢、生き方そのものだったのだろう。利鎌が通い始めたころ、二人いた弟子は間もなく姿を見せなくなり、利鎌ひとりになった。それでも淡々としていた。そして利鎌が時間をかまわず思いついて参禅すると、いつでも対応してくれた。問答は時に大きな声を発し合うこともある。寺院のなかとはちがって、近所周囲につつぬけの陋屋でのことである。それをつづけることはよほどの自信と覚悟がいる。そうしたすべてが、夢堂の人柄と信念を語っていた。自分の孤独と向き合いながら、禅を始めた利鎌にとって、師の姿そのものが生き方の導きだった。だが、師事して三年余りで夢堂は亡くなる。一九二五年二月二十日、小石川の是性院で大休老師に相見中、脳卒中で亡くなるのだ。大休老師に手をとられて息絶えたという。

松岡譲は利鎌が禅に進む触媒となったが、本人は禅に傾倒することはなかった。下川の『居士禅』を編集するに当たっても、しきりに自分は門外漢だと断っている。けれども松岡もまた、宗教的人間であった。自伝的長編小説『法城を護る人々』が彼の代表作ということに、それが端的に表われている。自我に目覚めた少年期から、人間と宗教について考えつづけた人なのだ。

松岡は、一八九一（明治二十四）年九月二十八日、新潟県古志郡石坂村大字村松（現・新潟県長岡市村松町）に生まれた。生家は真宗大谷派の松岡山本覚寺で、その住職・善淵の長男である。本名は善譲。長岡中学から第一高等学校、東京帝大へと進むが、中学生のころから、僧侶と寺院生活を嫌い、父親と激しく対立する。大学卒業を前に、本名の「善」をとって「譲」と改名し、寺を継ぐ意志のないことを父に告げる。その間の葛藤は大変なもので、高校時代には強度の神経衰弱に陥り、休学している。そして、一高時代から芥川龍之介や久米正雄、菊地寛らと親交を結び、競って文学や哲学書を読み、文学者としての道を歩み始める。一九一四（大正三）年には、同人誌第三次『新思潮』を、一六年には第四次『新思潮』を起こし、盛んに創作や評論を執筆していくが、それらの創作の根底には、常に宗教と人間についての思索がつづいていた。

芥川と久米と共に、漱石山房を訪れたのは一五年十二月のことだ。以後、漱石晩年の弟子として、三人はほとんど毎週、木曜会に通うことになる。利鎌の参加は、彼らより数ヶ月後のことだ。鋭利で都会人の芥川、快活な久米に比べ、思索的な松岡に対し、漱石は「北の哲学者」というニックネームをつけたという。

木曜会の席上、漱石晩年の思想として知られる「則天去私」という言葉を引き出したのも、松岡の熱烈な宗教的関心からだったようだ。松岡の『ああ漱石山房』所収の一文「則天去私」（『漱石先生』の「宗教問答」と同じ内容）に、そのいきさつを書いている。さまざまな話題から宗教の話題になったとき、かねてその問題に対する漱石の考えを聞きたいと思っていた松岡は、西洋文学と宗教などについて質問する。そこから信とは何か、救いと悟りなどの話に進み、その悟りを体得されたかという質問に対して、「ようやく自分もこの頃、一つのそういった境地に出た。「則天去私」と自分ではよんでいるのだが」と、漱石は答えたのだという。

そして、その境地からみた新しい人生観、文学観を確立し、それを大学での講義などを通して人に伝えたいと話したという。しかも、その伝えたいという思いは、「義務だとか責任だというのではなく、言って見れば天が私にそれを命じてるような気がしてならない」と語った、と書くのだ。ここに「則天去私」の意味が端的に示されている。この談話は、漱石が亡くなる一ヶ月前のこととされている。だがそれは、松岡の思い出を通した理解であり、漱石自身が書き残したものではない。だから松岡は、その夜下宿に帰ってから漱石に手紙を出そうとして出さなかったことを悔やむ。漱石の体調を考えて遠慮したのだが、手紙を出していれば、必ず漱石は返事をくれただろう。そうすれば、例え手紙ではあっても、「則天去私」という言葉の意味を漱石の文章として残せたはずだと、後悔しているのだ。

私が言いたいのは、「則天去私」理解の当否ではない。松岡譲という宗教的人間が、漱石からその言葉を引き出したという一点だ。彼のその資質が、利鎌や下川との親交につながるのだし、彼らの遺稿集をまとめる労を取ったり、利鎌の小説を書こうとすることにつながるのだ。一種求道的な「北の哲学者」の真摯な問いに、漱石も真摯に答えたのだと思う。

その後松岡は、芥川や久米と共に、若き文学者として走り出すが、漱石の長女・筆子との結婚をめぐって、久米との間にスキャンダラスな問題が起こり、文壇から疎外されるようになっていく。そのことについて詳しく触れようとは思わない。だが、『法城を護る人々』などの大作を書き、ベストセラーになっても、長い間文壇は彼を無視したという。松岡譲は不遇な作家であった。「漱石の娘婿」という立場も、その不遇さに一役買ったことを思うと、人ごとながらやりきれない。けれども松岡は、自分の信念を貫いて書きつづけた。『素顔』も、そうした松岡が生み出した一篇だった。雑誌『真理』に連載するに当たっての「作者の言葉」に、「現代生活に於ける宗教的なもの」をテーマとして執筆すると書くのだから。

ちなみにこの『素顔』が掲載された雑誌『真理』は、関口安義の『評伝　松岡譲』によれば、仏教学者・友松圓諦（ともまつえんたい）が主催した雑誌である。友松は一八九五（明治二十八）年、名古屋市の生まれ。米屋の次男だったが、九歳の時から、東京の江東区にある安民寺の住職であった叔父に師事し、浄土真宗の僧侶となる。しかし、松岡と同じように既存の仏教の在り方に疑問を持ち、一九一二年大正大学に入学。さらに慶応義塾大学の文学部史学科に進み、サンスクリット語を学んだ。二七年から三一年まで渡欧し、ハイデルベルク大学やソルボンヌ大学で西洋哲学を学んだという。ここにも、仏教と西洋哲学をともに学んだ人がいる。帰国後は、慶應義塾大学予科の講師を務める一方、三四年に仏教の大衆化と近代化をめざす運動体として、〈全日本真理運動〉を設立。その機関誌として翌年一月一日に創刊したのが『真理』であった。松岡譲も設立同人の一人で、友松とは晩年に到るまで深い交わりを結んだという。「全日本を仏教的立場に於いて全面的に作興、奮起せしめようとする宗教的社会運動の一翼」と、友松はその目的を創刊号に書いている。こうした、仏教を寺から解放し、純粋な精神運動を目指す趣旨に、松岡も大いに共鳴したのだろう。

友松は、二〇年代から『阿含経』（仏教経典叢書刊行会）や『新時代の仏教』（甲子社書房）など著作を積極的に発表。また、三四年三月には、『法句経講義』をＮＨＫ放送局から全国放送し、それを出版するなど、仏教の精神を広める言論活動を活発に展開していた。そうした影響もあり、『真理』は、創刊号は初版三万部に三千部の増刷、二号は五万部、以後五万五千部と、かなりの販売部数をほこる雑誌だったのだ。武者小路実篤や菊池寛、倉田百三、中勘助らも執筆し、キリスト者の安部磯雄も寄稿するという幅の広さ、リベラルさと強い精神性が、当時の人々に受け入れられたのだろう。関口は「単なる宗教雑誌ではなく、仏教の大衆化を目指した総合雑誌」と規定する。宮沢賢治をいち早く認め、遺稿を活字化した功績もある。友松の帰国した年に利鎌は亡くなっており、二人の生前の交流はなかったと思われる。だが、西洋哲学を通して仏教をとらえ直すという点では、相通じるものがあったかもしれない。『素顔』を掲載する場としては、ふさわしい場でもあった。

さて、利鎌の禅は、松岡譲、下川芳太郎、岡夢堂の三人との出会いのなかで生まれ、育まれていった。そして前に見たとおりの成果をあげたわけだが、もう一つ付け加えたいことがある。それは、利鎌の禅と漱石の禅の共通点だ。端的に、利鎌が漱石の問題意識の継承者だとする論文がある。加藤次郎の著書『漱石と禅』（翰林書房）だ。

『草枕』や『明暗』をはじめとする小説全作品だけでなく、エッセイ、論文、手紙、絵等々、漱石が書き、表現したものを渉猟し、漱石のなかにいかに禅が根を下ろしていたかを分析、論じた論文集だ。例えば、『草枕』で床屋が語る、那美と若い僧のエピソードは、禅の有名な公案「婆子焼庵」をもとにしていることなどが述べられており、特に『明暗』については、晩年の漱石の禅的境地を詳細に分析している。それらが十章にわたって展開されているが、その第十章が「漱石の水脈――前田利鎌論」なのだ。

加藤はその論文を、まず、老荘思想の研究者である福永光司の文章を引用し、利鎌の俊才ぶりを紹介するところから書き出している。それは、「しかし『荘子』の思想を哲学的に把握して、これを近代的な論理で最も明快に解釈しているのは、前田利鎌の『荘子』（昭和七年、岩波書店刊「宗教的人間」所収）を第一とする。〔…〕私の訳解が最も多くを負うているのは、彼の荘子解釈である。」（昭和三十一年、朝日新聞社『荘子』）という福永の一文だ。

しかしその前田利鎌は、今はほとんど忘れられている思想家だとしながら、彼こそが漱石の水脈の意外な湧出点だったと加藤は述べるのだ。それは、利鎌の思索と体験の相が、「漱石文学の思想のコンパクトな構造化」であり、漱石「理解」の質が確かだったからだという。しかもその「理解」は、小宮豊隆を筆頭に和辻哲郎や阿部次郎等々、漱石山房に集まった「漱石山脈」の門人たちにはなかったものだというのが、論の出発点である。「漱石以外の漱石山脈の人々が死火山以外の何ものでもないことは殆んど自明であり格別の論の対象ともなり得ない」と手厳しい。

単に、漱石山脈のなかで、漱石と利鎌だけが禅に向かい合ったということだけではない。思考様式や論理的枠組みの共通性を、加藤は指摘する。利鎌は漱石について何一つ論じてはいない。思い出さえ書き残していない。しかし加藤は、二人の著作を通して、その共通性を探り出す。それはまず、利鎌の卒業論文と、同じく漱石にとっての卒業論文にあたる「帝国詩人の天地山川に対する観念」との共通性から説き起こす。そもそもの「最初の思惟の表明」から共通するというのだ。それぞれの論文を検討した上で、こういう。

漱石と前田の論のその問題意識に於ける基本的な類似はより注視の対象とされてよい。二人は共に「自然」という概念の下に於ける、実在と人間のかかわりという点に自己の思惟の中核の課題を見出している。ということは彼等は自己の存立の基礎としての実在の不在喪失の意識から、思惟の歩みを開始せざるを得なかったということである。〔…〕それが漱石・前田に於いては禅への近接となって現われたのである。（『漱石と禅』）

そして、その実在性の獲得として二人の思考の歩みがあるのだとし、その焦点は、近代国家のなかでの人間の実存を追求しようとした点にあるとする。共にそれを禅を通して考えようとしたと加藤はいうのだ。「自由」の問題、「自分に由って立つ」ことを妨げるのは何かという問題だ。利鎌は参禅をつづけて禅の内側に入りこみ、漱石は外側から追い求めたように、禅への向かい方は対照的だった。しかし、そこで追求した内実は同じで、それを、利鎌の論文と漱石の諸作品を検討しながら論証していく。その結果、「漱石と前田との思惟に於ける概念及び論理の同一、その赴く所の基本的相似性は指摘すれば数多く挙げ得る」という結論になるのだが、その最も奥に横たわるテーマが、国家と個人の問題であり、「前田の主眼は、〔…〕自己の実存に即しての「現代」

への恣意であり変革であった」とし、「漱石の文学こそは、「近代」の国家主義全体主義への徹底的反抗に外ならなかった」とする。

「時代の基底に実在の失亡遺却を見、その時代否定的に実在性の回復から社会現実の種々相を矯めるという思惟様式の同一性であったのであり、禅仏教がそこに大きな介在物として作用していた。そしてこうした二人の対時代の在り方こそが、漱石山房の人々、漱石山脈の諸峰中にあって、他からの截然とした甄別の因となったものであった」というのだ。

私自身は漱石作品を分析しつくす能力はないが、こうした指摘は、利鎌についてはは理解できる。小説『素顔』のなかで史朗は、「禅をとおした近代との戦い」を口にしているし、『宗教的人間』の諸論文の基底にそうした思いがあったことは確かだと思うから。それにしても、漱石と利鎌の奇縁を思う。漱石亡き後、漱石山房の書斎で、終日一人静かに本を読んでいた一高生の利鎌を、黄泉の漱石は見ていただろうか。

さて、前田利鎌の足跡については、この辺で終わろうと思う。いよいよ、その利鎌が愛した女性・平塚孝子に移っていきたい。

平塚らいてう・平塚孝子

（1893 年頃）

平塚孝子

（1916 年）

七　平塚孝子という女性

平塚孝子は、平塚らいてうの一つ違いの姉だ。戸籍名は孝。後に恭子と改名している。彼女についてまとまった記録はない。したがって、その生い立ちや人生の軌跡についてのほとんどは、らいてうの記録からたどることになる。その前に、なぜ私が、利鎌の相手の女性を平塚孝子だと特定したのかを書いておきたい。

前にも述べたように、私は、『草枕』のヒロインのモデルとされた前田卓についての本を書いた。その際、関連資料として利鎌の『宗教的人間』も読んだ。その巻末の年譜を見ていて、気になる記述があった。

まず、一九二〇（大正九）年、利鎌二十二歳の項に、「三月、本郷曙町平塚氏方の家庭教師となり、子女に主として英語を教ゆ」とある。これだけなら、大学生としての普通の記録だ。ところがその翌年の項に、「深く平塚夫人を識る」という一文が入る。さらに、三年後の一九二三年の八月―九月には、「平塚一家と共に上総竹岡にあり。たまたまかの大震災に遇う」。その翌年の八月も「平塚一家と共に竹岡に避暑」とつづくのだ。年譜上での「平塚家」あるいは「平塚夫人」の話題はそれで終わるが、これらの記述には単に家庭教師とその家族以上の親密さを思わせた。特に、「深く平塚夫人を識る」という記述には、ドキリとさせるものがある。平塚夫人とは誰だろう。

だが、その時の私のテーマは前田卓であって、利鎌ではない。深追いはしなかった。ただ、彼の書いた小説をもとに、松岡譲が『素顔』を書き、それが『真理』という雑誌に連載されたことは知っていたので、それを読みたいと思った。そのなかに、姉・卓について、何か参考になることが出ているのではないかという、あくまでも卓を追う資料の一つとしてである。ところがその評伝の執筆中、『真理』は国会図書館で閲覧することができなかった。その雑誌の整備中だったのだ。『草枕』の那美と辛亥革命』はそのまま書き進め、出版した。けれども、読むことのできなかった小説については、頭の片隅に残っていて、出版から二、三年後、国会図書館でコピーを入手した。そして、その内容に驚いた。卓の弟として知っていたよりも、より生々しく魅力的な利鎌の姿を見る思いだった。相手の女性とのオープンで密度の濃い交流のさまは、大正時代の現実とは思えないほど現代的だった。青年の生き方の小説としても恋愛小説としても、真摯でありつつはつらつとしていて、その関係性に目をうばわれた。

改めて、平塚夫人とは誰だろうと思った。本郷曙町の平塚といえば、確か、らいてうの生家として出てくる地名ではなかったか？　調べてみると、らいてうには孝子という姉がいて、家を継いでいる。そして、『平塚らいてう自伝　元始、女性は太陽であった』（大月書店）の下巻に、利鎌が平塚孝子の家の家庭教師だったことを示す記述があった。

自由民権運動や平民社運動の女性闘士として、日本のジャンヌダルクともいわれた福田英子（ふくだひでこ）についての話題のなかにそれは出てくる。らいてうが主宰する雑誌『青鞜』第三号に福田の論文をのせ、それが原因で『青鞜』は発禁処分になった。面識があったわけではなく、社会主義者が主張する女性論を掲載したいと、らいてうが手紙で依頼したのだという。その後、福田は青鞜社の事務所にも出入りし、らいてうとも親しく接するようになる。当時の福田は鶏を飼って卵を売り歩いたり、古着や呉服の行商をして生計を立てていた。青鞜社の解散後の一九一八、九年ごろ、らいてうはその販売先として姉を、福田に紹介したという。そして、この福田が、利鎌を家庭教師として、姉・孝子に紹介したのだ。らいてうは次のように書いている。

いつも貧乏で、自分のきものなどおよそ買ったことのないわたくしは、自分の肩がわりとして、衣裳道楽で、お金の自由も多少ある姉を、福田さんのために紹介したのでした。〔…〕「福田さんにはとてもかなわない。これはあなたに向けるつもりで来たのだから、なんでも買ってくれと、はじめからきめつけてくるのだから……」などと口先ではいつもこぼしながら、それでも福田さんが見えるたびに快く買い、ご馳走までしていたようでした。

姉の方でも話し好きの福田さんをいい話相手にしていたらしく、やがて福田さんはしげしげと姉のところに出入りするようになり、女中の世話をしたり、また子どもたちの家庭教師として、宮崎滔天（とうてん）（宮崎民蔵の弟、中国革命志士）の奥さんの甥で、宮崎家に寄食していた帝大文科の優秀な苦学生を紹介するなどして、いつか姉の家の茶の間は、福田さんにとって、気のおけない憩いの場ともなっていました。

いくつかの間違いがあるが、この苦学生が利鎌である。宮崎滔天の妻は、卓の妹・槌で、卓と槌は滔天と共に中国革命に打ち込んでいた当時、貧窮する生計のため、生活力旺盛な福田の手配で内職をしたことがある。父親が自由民権運動をしていた当時から、知り合ってもいたのだろう。利鎌は二人の腹違いの弟だが、卓、槌らと利鎌とは、甥といってもいいほど歳が離れている。そして、当時利鎌は、姉・卓の養子になっていたのであり、戸籍上は槌の甥であった。また調べた限りでは、その当時、卓、槌姉妹に東大生の甥はほかにいない。さらに、当時利鎌は、宮崎家ではなく卓と共に暮らしていたが、宮崎家と卓の家はごく近所で、ひんぱんに行き来していた。そうしたことから、福田が「宮崎家に寄食していた」と勘違いしたのだろう。いずれにしろ、利鎌と平塚孝子の線は、ここで結びついた。結びの神は、福田英子だったのである。

さて、平塚孝子の生い立ちに入ろう。そのほとんどは、『平塚らいてう自伝　元始、女性は太陽であった』や、井出文子『平塚らいてう』など、らいてうの資料による。もちろんらいてうの話が中心だから、断片的に出てくる話題をつなぎあわせるしかない。

孝子は一八八五（明治十八）年一月三十日に、父・定二郎（さだじろう）、母・光沢（つや）の次女として生まれた。本名は孝。普段は孝子で通した。二年前に長女・為（いね）が生まれているが、夭逝している。そして翌八六年二月十日に三女・明（後のらいてう）が生まれた。年子だったため、孝子には乳母がつけられ、二人はほとんど双子のように育てられた。当時の住まいは、麹町区（現・千代田区）三番町にあった。招魂社（現・靖国神社）の近くで、洋風の応接間や、母親の部屋、食堂のあるモダンな家だったという。

　定二郎は、和歌山の出身である。紀州藩士の家柄だったが、明治維新後、両親と妹の一家四人で上京した。当時陸軍会計局長をしていた津田出が、定二郎の父親の従兄弟にあたり、それを頼ってのことだった。定二郎十五歳のときである。津田家の屋敷内の長屋に住み、父親は執事として働き、定二郎も書生の扱いだった。外国語学校でドイツ語を学び、一八八二（明治十五）年に参事院書記生として官庁に入った。優れた語学力で、参事院法制部で商法などの整備にあたったドイツ人の傍らで、通訳や翻訳を務める一方、西欧の法律書を読破した。伊藤博文にその知識を買われて、金子堅太郎や伊東巳代治らとともに、憲法草案の起草にもたずさわったとされる。参事院のあとは、農商務省、外務省をへて、らいてうが生まれた年に、会計検査院に進んだ。五年後には、会計検査院長の渡辺昇子爵に随行して欧米を巡遊・視察し、会計検査法を制定するなど同院の基礎をつくった。勤勉に努力し、会計検査院次長として辞職するまで、順当に官吏の道を歩きつづけた人だ。一高でドイツ語を教えたり、多くの著書や翻訳書も出しているという。

　一方母親の光沢は、徳川幕府の有力な家柄である田安家の御典医の家に生まれた。最後の将軍十五代慶喜が官軍にやぶれたあと、徳川家を継いだ十六代家達は、この田安家の出身である。その御典医だった飯島芳庵の三女に生まれた光沢は、本郷丸山町の広大な屋敷で、歌舞音曲に親しんで育った。その光沢が津田家の長屋住まいだった定二郎のもとに嫁ぐことになったのは、光沢の父親が定二郎の人物にすっかり惚れ込んでのことだったという。しかし、華やかな江戸育ちの母親は、謹厳実直な平塚の家風になじめないことも多かったのではないかと、らいてうは自伝のなかで同情をよせている。

それでも、文明開化の先端を行く官吏の家庭の主婦として、また洋行中の夫にふさわしい妻として自分を再教育するために、桜井女塾で英語を学び、後には一橋の女子職業学校に通い、洋裁や編み物、刺繍などを学んだという。そのため、孝子とらいてう姉妹の養育は、もっぱら祖母と乳母に任せられた。孝子は乳母を片時も放さず、ちょっと姿が見えないと大泣きで後を追ったとらいてうは書いている。

何事も同じようにという父親の方針で、衣服も持ちものもすべておそろい、学校も習い事も同じにと、孝子とらいてうは双子のように育てられた。ところが、性格は対照的だった。孝子は元気で明るくはつらつとして、大きな声で歌をうたう、いわゆる子供らしい子供だった。一方らいてうは引っ込み思案でおとなしく、だんまり屋で食も細かった。おやつのお菓子も半分しか食べられず、残りは孝子がたいらげた。しかしらいてうは、泣き出すと止まらないなど、頑固な一面をもち、すばしっこい身の軽さもあって、「この子が男だったら…」と、両親はよく口にしたという。

二人が幼かったころの定二郎は、娘たちとよく一緒に遊ぶ、当時としては珍しいタイプの父親だった。五目並べやトランプをしたり、冬にはストーブにあたりながら、グリムやイソップなど、西洋の童話を聞かせた。一方祖母からは、日本の昔話や、安珍清姫の伝説、紀伊國屋文左衛門の物語など紀州にまつわる話を聞かされた。二人は東西両方の文化を吸収して育ったのだ。そして日曜日には、親子四人で上野の動物園や浅草の花やしき、小石川の植物園、縁日や勧工場（デパートのようなもの）に出かけた。洋行帰りの父親は、家族に対する開明的な習慣を身につけ、実践しようとしたらしい。明治の男としては異色の面白いエピソードがある。光沢に編み物を習った定二郎は、たちまち習得して得意にするほど腕を上げ、「外では内緒だよ」と口止めしながら、自分の靴下や子供たちの手袋などを器用に編んだというのだ。このころの定二郎は、明治政府の官吏として、暮らし方をふくめて率先して欧化主義を貫こうとしたようだ。一方、孝子とらいてうは母親の光沢から、行儀作法を厳しくしつけられた。

そうしたなかで、二人は富士見小学校付属幼稚園から同小学校へと通うようになるのだが、一八九四（明治二十七）年、平塚家は本郷駒込曙町に移転する。小学校も誠之（せいし）小学校へと転校した。三番町の家の周りに芸者屋などが増えて、環境が好ましくなくなったこと。そして定二郎が一高でドイツ語を教えるようになったからだ。当時の駒込は、まだ田舎で茶畑が広がっていた。六百坪の敷地を持つ平塚家でも裏庭に家庭菜園を作り、二人はその手伝いをするなど、自然に親しむようにもなっていった。一方、日清戦争後の国粋主義的な思想の広がりと共に、父親は洋間を日本間に変えたり、それまで洋装をさせていた妻や娘たちにも、着物を着せるなど、それまでの開明的な西欧主義を一変させた。官吏として時代の空気に敏感に反応していたことがうかがわれる。そうした変化は、次第に父親とらいてうの間に溝をつくって行く。

一方、孝子は逆らわない娘だった。明治三十年に、女子高等師範学校付属女学校、通称お茶の水高女に入学する。翌年にはらいてうも入学したこの女学校は、華族や裕福な家庭の子女などが多く、貴族的官僚主義的な雰囲気を持っていた。学問を学ぶというよりは、日本の家族制度を維持する良妻賢母を育てることを根本思想にしており、らいてうはそうした方針に反発して倫理の授業をボイコットするなど、自由を束縛する思想に抵抗する志向を芽生えさせていく。だが、孝子はそうしたこともなく、文学好きの少女として成長していったようだ。しかし、そのころの孝子に大きな転機が訪れる。『元始、女性は太陽であった』全四巻のなかで、唯一、「姉のこと」と題する一項が上巻にある。それは、利鎌との出会いもふくめた、孝子のその後の人生を決めるできごとだった。

当時、曙町の平塚の家には、母の甥にあたる飯島道脩が書生のようなかたちで暮らしていた。道脩の父親が亡くなったためだ。外国語学校のドイツ語科に学んでいたが、かなりの文学青年だったようで、玄関脇の彼の部屋にはさまざまな文学書があり、与謝野鉄幹が主宰する雑誌『明星』や、与謝野晶子の歌集『みだれ髪』なども見た記憶があると、らいてうは書いている。そのころ生真面目な少女だったらいてう自身は、文学に興味が無く、『みだれ髪』などは、むしろ「軟派めいた、よくないもの」だと思っていたらしい。だが孝子は、強い影響を受け、彼から借りて読んだ高山樗牛の『滝口入道』にひどく感動するなど、文学に熱中していく。そして孝子と道脩は、たびたび彼の部屋で夜遅くまで話し込むようになった。「早く休むように」という母の言いつけを伝えに行ったらいてうも、一緒に座り込んで話を聞いたこともよくあったというから、道脩の文学に対する知識や見識は、それなりに魅力的だったのだろう。孝子にとってはおそらく、文学への熱意と道脩への思いが重なっていた。孝子の初恋である。

両親はそれを快く思わなかった。特に父親は、「文学青年」を毛嫌いしていた。その結果、道脩は平塚の家から姿を消す。両親によって追い出されたのだろう。外語学校は卒業したらしいから、学資の援助をしながら、他に下宿を与えたと思われる。そして平塚家は、一九〇〇（明治三十三）年夏、和歌山県から農家出身の山中米次郎を養子に迎える。和歌山中学の優等生という条件をもとに、校長の推薦を受けての縁組みだった。孝子と結婚し、平塚家を相続するためである。そのとき孝子は十五歳。道脩に抱いていた淡い憧れと思いを踏みにじられ、意に沿わない相手を、許嫁として一方的に押しつけられたのだ。孝子は、らいてうに何も言わなかったという。両親にも心と口を閉ざして受け入れた。十五歳の少女はなすすべがなかったのだ。

「そのころから、姉の性格がすこし変わっていったように思います」とらいてうは書いている。明るく活発だった面影は陰をひそめ、口数も少なく、病弱になっていく。お茶の水卒業後は、それまで続けていたお琴やお茶のほか、ドイツ語やバイオリン、短歌、『源氏物語』などのお稽古ごとに明け暮れた。その間、肋膜炎をわずらい、祖母の付き添いで、小田原で療養生活を送ったという。

そのころらいてうは、お茶の水高女を卒業したあと、創業したばかりの日本女子大学英文科に進むことを強く希望する。父親の反対を押し切ってもという強い主張に、家政科ならばと進学を許された。すると、何事も同じようにと配慮する父は、今度は孝子にも入学を勧める。らいてうより一年遅れての入学だ。孝子はそれにも従順に従った。ただ、国文科に入るという希望は通した。だが、結核を発病して翌年には退学し、茅ヶ崎の湖南病院に入院した。らいてうに比べて発育も良く、はつらつと健康的だった孝子の面影はもはやない。道脩との失恋を一人胸にしまい込んだ痛手の大きさがしのばれる。そして、一高から東大独法科に進み、父親の望み通り逓信省の官吏になった米次郎と、一九〇六年十一月に結婚するのである。二十一歳であった。十代後半から二十歳にかけて心の痛手から体を病んだ孝子は、父親と対立することもなく、家を継がなければならないという自分の立場と運命を受け入れた。

この米次郎について、らいてうはこんな感想を述べている。平塚家へ入籍して上京した当時のことだ。「東京の青年のような若々しさはなく、どこか老成した感じの落着いた人でした。これから「兄さん」と呼ぶようにと母からいわれましたが、この国なまりのひどい大人っぽい青年に対して、わたくしは不思議なほどなんの感情も動かず、別世界から異分子がやってきたという感じをもつだけ」だったと。孝子の気持ちはわからない。だが、そう大きく違ってはいなかったのではないか。父親を亡くしたとはいえ、江戸から続く将軍家ゆかりの大きな医師の家に生まれ、文化を享受して育った道脩とはずいぶんと隔たりがあったにちがいない。「異分子」という言葉の強さが、当時の米次郎の立場を象徴しているように思う。彼としても、まったく異なる世界に飛び込んだのだ。覚悟していたとはいえ、田舎出の少年としてはつらい立場だったのではないか。しっかり勉強して官吏になる。それしかないと思い定めていたのだろう。大人に見えたのは、その覚悟の強さだったと思う。

　ただ、二人の結婚は、はじめから不幸だったのかどうか。「ほんとうの気持はどうであったかよくわかりませんが」としながらも、らいてうによれば、健康を回復し、結婚が迫ったころの孝子は、「新しい生活をひたすら期待する娘のようでした」という。母親と花嫁衣装のことなどを楽しげに相談する姿は、はたから見れば、そのように映ったらしい。孝子は、健康を回復したとき、いつまでもくよくよしても始まらない。受け入れた人生をきちんとまっとうしよう。夫となる米次郎とも理解し愛し合うように努めようと、ひそかに決意したのかもしれない。結婚披露宴は、上野の精養軒で行われた。孝子は、高島田ではなく、束髪に白い花を笄（こうがい）形にならべたかんざしをさし、大輪の白百合の模様のある振り袖を着たという。ずいぶんとハイカラな花嫁姿である。披露宴の余興には、小さんの落語や講談のほか、ピアノ演奏も行なわれた。こうした出演者の交渉は、らいてうの仕事だったという。生真面目ならいてうが、小さんの家を訪ねた様子を想像すると微笑ましい。結婚後、孝子と米次郎は、曙町の敷地の裏庭に建てた新居に住んだ。そして二人の間には、一男三女が生まれた。長女・美沙子（みさこ）、次女・千世（ちせ）、三女・統子（ともこ）、そして一番下が長男・為人（ためんど）である。

　孝子の生い立ちは以上である。十数年後に利鎌と出会うまでについては、ほとんど資料がない。前述したように、衣装道楽で、着物の担ぎ屋をしていた社会主義者の福田英子を、気安く迎え入れたこと。また、らいてうが雑誌『青鞜』を始めた一九一一（明治四十四）年ごろは、米次郎の転勤で神戸に住んでいたということぐらいだ。その情報は、『青鞜』発刊前後をくわしく述べたなかに出てくる。

そもそも『青鞜』は、らいてうと保持研子（やすもちよしこ）の二人の力で始まった。保持は、日本女子大の国文科に学んだ孝子の友人である。孝子が結核で湖南病院に入院したあと、彼女も結核になり、同じ病院でともに療養した。孝子は一足先に退院し、米次郎と結婚するのだが、保持は病院の事務の仕事を手伝いながら療養をつづけ、退院後は大学に復帰した。四国出身の保持は生活に余裕がなく、曙町のらいてうの部屋に同居したという。孝子の親友だったからだ。そのようないきさつがあったにもかかわらず、孝子は『青鞜』発刊に関わらなかったらしい。「ただ、いま考えて不思議なのは、あの文学好きの姉と『青鞜』が没交渉であったことです」とらいてうは書く。雑誌発刊の経済的な後ろ盾は母親・光沢だった。友人の保持も関係している。したがって、「発刊にあたって当然社員になってくれそうなものですが」と、首をかしげるのだ。そして、その理由を、神戸在住だったからだろうと推測しているが、もう一つ、気になる理由を述べている。

「あるいはもう、このころ姉はまた肺がわるく、天理教に夢中になっていたので、あえてこちらから誘うことは控えたのかもしれません」と。気になる理由は二つだ。孝子が結核を再発していたらしいこと。もう一つは天理教に入信していたということだ。その後の資料で、孝子が大本教に出会い、入信していたことははっきりしている。だが、その前に天理教に入信していたのか、いつごろ、なぜ信仰の対象が変わったのか等々、疑問が浮かぶが、いまはそれを確認するすべがない。ただ、それらの信仰は、病気の再発による心の弱りだけでなく、夫・米次郎との関係の変化もあるのではないか。そんなことを思わせる。

ここで孝子と道脩の後日談を書いておこう。道脩はその後、外国語学校を卒業し、千葉医専（後の千葉大学）や関西大学のドイツ語教師を経て、第七高等学校（後の鹿児島大学）教授として、長く鹿児島で暮らした。東京を離れたかったのだろうと、らいてうは彼の痛手を推測している。そして一九五八（昭和三十三）年、七十二歳の誕生日を迎えるらいてうを、テレビが放映した。大阪テレビ放送（後の朝日放送テレビ）の製作で、成城の家での日常を追う特別番組だった。それを偶然見た道脩が、らいてうに手紙を送る。そして、孝子との文通が始まったのだという。孝子七十三歳、道脩はそれから四年後に八十歳で亡くなったというから、七十六歳。手紙をとおしてではあるが、約六十年ぶりの再会である。「テレビが仲立ちとなって、姉と従兄が文通だけにもせよ、旧交をあたためあうことができ、二人の晩年にいささかのいろどりを添えたであろうことを、うれしく思わずにはいられません」と、らいてうは書いている。

來たでせう。それでまづ今のうちに曙子を片付けてやりさへすれば、新一はどのみち坂本の家の大切な一粒種だから、結局長い目で見て大事ない氣がするの。すると殘るは子として私で、これ一つが最後の、さうして一番大きい目前の惱みなのよ。』

『それで僕の手のいる事といふのは？』

『先づ第一に曙子の事。史朗さんのところには、しつかりした青年が隨分集まるのでせう。その中から史朗さんがこの人ならと思ふ人を世話してやつて下さい。史朗さんのお眼鏡なら、私も曙子も滿足出來る。最初私は史朗から曙子を貰らつて頂かうと思つて居たので、實は成るべく交際する機會を作るやうにして居たけれど、今はもうそんな自分を欺くやうな事出來ない。だから立派な青年らしい青年を世話してやつてね。』いゝでせう心當りがある？』

『それは有りさうだな。先方の腹もきいて見なけりやならないが、ものになるかも知れない。』

節波はその時善良篤實の上原の好もしい人間をあたまに描いた。

小説『素顔』第 10 回の挿絵

［松岡譲著・坪内節太郎絵］

（雑誌『真理』1938 年）

八　『素顔』にみる前田利鎌と平塚孝子

『素顔』は、前波史朗を主人公とする一種の自叙伝的内容の小説だ。けれどもそれが編年式で書かれるわけではない。二十代の工業大学教師の数日のエピソードに、生い立ちや思想、進行中の恋愛のさまなどが織り込まれていく作りになっている。基本的な柱は三つで、一つは史朗と塚本夫人との関係、二つは史朗と家族との関係、そして三つ目が、師匠・大岡夢洞に導かれての禅との関係だ。前述したとおり、家族と夢洞との関係は、ほとんど前田利鎌の現実をふまえている。そこから推察すれば、塚本夫人とのこともおおよそ現実をふまえたと思われるが、ここで見ていきたいのはその検証ではない。小説のなかでそれらがどのようなふくらみで描かれているか、史朗と塚本夫人はどのような人物として登場するか、だ。

第一回は、前述したように心霊実験会の模様で、それに参加していた塚本家の娘・暁子を家に送って行くまで。第二回は、塚本夫人や暁子や新一たちと史郎とのその夜の姿だ。その後史朗は彼らの家に泊り、翌朝、夢洞の家に参禅しようとしている。第三回は、翌日の参禅後、家に帰り、家族との関係を描くという流れだ。最初の三回に、三つの柱をさりげなく織り込んでいる。

そして最初の二回が興味深い。心霊実験会から始まるというのも意表をつくが、不倫関係にあると思われる塚本夫人ともその子供たちとも、秘密めかしさのまったくない、さっぱりとオープンな関係として展開するのだ。どのような理由か明記されていないが、塚本家の父親は不在らしい。それについての暁子や新一の葛藤はまったく描かれていないから、その状態は史朗に絡んでのことではないと思わせる。むしろ史朗はその母子家庭に、まるで親戚の叔父さんのように、家族同然に迎え入れられている。何しろ小学生らしい新一少年は、暁子を送ってくるにちがいない史朗と遊びたいと、遅くまで起きて帰りを待っていて、玄関に入ると飛びついていくという親しみ方だ。前にも見たように、暁子ももちろん遠慮がない。普通の小説にありがちな、母親の愛人に対するじめついた感情はまったく描かれない。こうしたことから、史朗と塚本夫人の人間性や関係性もほの見えるのだが、その前に、史朗自身の家族と禅との関係を見ておこう。

小説としての陰影ある面白さは、第三回から史朗の高校以来の友人・徳永(とくなが)が登場することで弾みがつく。参禅から帰ると、昨日訪ねてきたというその男がいた。徳永は、高校一年の時、史朗の答案をカンニングし、放校になった男だ。協力した史朗も一年留年の処分を受けた。現実にも利鎌のカンニング・留年事件が起こっているから、その男が徳永のモデルなのだろう。徳永は、一高退学後も酒飲みでだらしない暮らしをつづけ、何かと問題を起こしては、史朗に尻拭いをさせてきた。デカダンを装うこの男を、史朗はなぜか切ることができない。このときも、地方の教師をしていた彼が、女性問題を引き起こして学校を追われ、東京に逃げ帰って史朗の家に居座ったのだ。そして、史朗と塚本夫人との関係を暗に脅迫し、資産家の塚本夫人から平然と金を引き出そうとするなど、史朗の周囲に波風を立てる。その結果、史朗の葛藤を引き起こす。その意味で徳永は、塚本夫人との恋愛の問題意識と禅に向かう心を研ぎすます、触媒の役割をになっている。また、ずうずうしく酒をねだり、その場しのぎの軽口によって、史朗と家族の関係を紹介する役割も果たす。要するに一種の狂言回し的存在だ。

史朗は池袋の小さな家で、独身の姉と、兄の家族とともに暮らしている。姉や兄たちは、名前を出さず、ただ姉、兄として登場するが、姉が前田卓を、兄が前田九二四郎をモデルにしていることは明らかだ。彼らがかつて孫文や黄興らと共に中国革命に関わり、それで財産を失ったこと。そして、この時期、池袋の小さな家に共に住んでいたこと。その近所には、卓の妹・槌とその夫・宮崎滔天夫妻の家もあったこと。それらはすべて事実である。滔天夫妻は大淵（おおぶち）夫妻として登場する。

卓を思わせる姉は毅然として、その寄り合い所帯のリーダーシップをとっている。そうした強い生き方のなかに深い孤独の影があることを、訪ねてきた史朗の師・夢洞が見抜くエピソードは、小説としてのふくらみを取り除けば、『宗教的人間』の「夢堂老漢」の一節そのままだ。そして、その夢洞と徳永が一緒に酒を酌み交わす席で、姉が、史朗と塚本夫人との関係に眉をひそめていることが描かれる。

それは徳永が、ちょうどそのころマスコミを賑わしていた、大淵夫妻の長男・虎男（とらお）と「筑紫の女王こと香蘭女子」の事件を話題にしたことに始まる。「小母さん、大淵っていえば」と、その消息を姉に聞いたのだ。槌と滔天夫妻の長男・宮崎龍介と柳原白蓮の恋愛事件のことだ。姉は、香蘭女子を柳子さんとよび、次のようにいう。「柳子さんはね世間が狭くなって外へは行けなくなったって、ちょいちょい私んところへみえますよ。あの年になって自分より年下の男とあんな苦労をするのは気が知れませんね」と辛辣に答える。さらに「ほう、あの香蘭事件の大淵虎男さんて甥御さんか」と興味を示した夢洞に対しても、「どうもみっともない話で、もうあんな事件はまっぴらでございますね」と言い切る。つまり、不倫恋愛に対して厳しく批判しているのだ。これらの言葉を聞いて、史朗は「背筋に冷たい鞭を受けたように感じた」。自分についても姉は苦々しく思っていることを、ぴしりと感じたからだ。それは彼の心に影を落とす。けれども葛藤にまでは至らない。恋愛そのものには迷いがない。迷いはないが、姉の厳しい眼差しにむち打たれる。

一方兄は、狭い家の床の間に神仏混淆の雑多なものをまつり、霊能者を自称して心霊写真を撮ったり、心霊治療を生業にしている。といってもさほど収入があるわけではなく、この寄り合い所帯の生活すべてが史朗の給料でまかなわれている。史朗は、その兄の低級な神秘主義を苦々しく思い、人生の敗北者の典型とみている。史朗が兄とつながるのは、時々剣道の手合わせをするその一点だけだ。その姿に、かつての兄の気概の名残をみるのである。そして「他のことはまるで互いに別世界の住人であった」と、冷たく切り離す。

こうしたエピソードに、史朗が姉や兄たちを見る冷静なまなざしと距離が集約されている。血のつながりといった情に溺れることもないし、もちろん、うらみや憎しみもない。霊能者を気取る兄を軽蔑していても、頼まれれば、大学の物理学専攻の友人である上原に心霊写真の現像を依頼することも、気安く引き受ける。姉の厳しい視線も黙って受け止める。史朗は、姉兄たちのように社会変革を夢見たりすることができない青年であり、それとは別の自分の居場所を持ち始めた男なのだ。自分の生きている時代というものを深く認識し、そのなかでの「自由」を考え抜いて、その道を歩もうとしている。彼らとのあいだの歴然とした距離を自覚している。恋愛が揺るがないのもその自立心があるからだ。それを支えに、史朗はこうした関係を受け入れて日々暮らしている。

その自立心のよすがである、禅との関係に入ろう。

史朗は大岡夢洞のもとに日曜日ごとに通うだけでなく、毎日寝る前に座禅を組み、また、何か迷いが起こると即、座禅を組むことを習慣にしている。小説だけに、それらの禅に向かう心もその内実も率直に生々しく描かれる。最初に出てくるのは、心霊実験会のあと、塚本夫人や娘の暁子とおしゃべりをするなかでのことだ。暁子が、史朗をポール・ムニ〔マーロン・ブランドが最も尊敬したとされるアメリカの俳優〕に似ているといい、「その新しい男性のタイプの前さんが参禅だの、剣道だの謡曲だの古典だのって爺むさい古いことばかりに興味をもってるつまんないと思うわ」という暁子の問いかけに、なぜ禅なのかを史朗は語る。都会っ子らしい、ものおじしない暁子とのいきいきとした会話が、はずんで繰り広げられる。

まず史朗は、「古道」をたどるのは、爺さんになるつもりではなく、反対に子供になりたいからだとかわす。「古くして常に新しい永遠の道」をたどることによって、「僕の理想は子供になりきることさ」と。そして冗談をたたき合うような軽いやりとりのなかで、その真意を語る。「現代への反逆というより、むしろ近代主義に対する一種復讐といった気持ちを絶えず腹の底にもってるんです」と、率直に打ち明けるのだ。近代主義におおわれた現代に対する嫌悪である。そうした現代に甘やかされていい気になっていたら、毒殺されてしまう。なぜなら近代主義は「あくどくこせついた畸形児的な文明」だからだ。すでに自分はそれに毒されている。だからその現代との戦い、「内なる自分を毒殺する」ために禅をやっていると語る。「畸形児的な文明をやっつけて、現代に一番欠けてる荘厳と雄大とを讃美したいんです」と。禅は近代主義のなかで生きながら、その汚染と戦う武器なのだ。それは一方で強い毒性を持つが、もう一方では近代主義によって失われた荘厳で雄大な精神世界を持っている。史朗にとっての禅は、その世界を獲得する目標であると同時に、絶えず自分と戦う武器でもあるということだろう。加藤次郎が『漱石と禅』で指摘した内容のわかりやすい展開である。これがいわば、『宗教的人間』の根底にある考え方なのだ。

さらに、心霊実験会の話については、こんな感想をいう。「どうも僕の荘厳にして痛快、雄大にして高朗という毒哲学からいうと、くだらんと思いましたね。僕はあえてああいう現象を否定しようとは思いませんが、ああいうことのみで偉大な奇蹟であるようにいうのが気に食わないのです。それよりも僕等がこうして存在しているという一見平凡な事実の方が、より以上遥かに大きな奇蹟だと思いませんか」。この言葉は一見、人間という生命体が宇宙に現われたという物理的、生物学的奇跡について語っているように見える。だがおそらく史朗が語ろうとしているのは、存在することと体験することをすべての根幹とみる禅の哲学による奇蹟なのだ。暁子との会話はここで終わるが、翌朝の夢洞との会話でもう一度、この話題が出てくるからだ。

翌朝史朗は着物と袴を身につけ、夢洞の「御粗末千万な陋屋」に、日曜朝恒例の参禅に行く。参禅にはその服装で行く習慣だからで、そのため塚本夫人が早朝に人を使い、池袋の姉の家から取り寄せたというエピソードが語られる。そして大岡夢洞の陋屋は、場所たたずまいともに、岡夢堂の家だ。ここに通うようになって三年になるが、現在の弟子は史朗ただ一人。師が禅についての講話をする「提唱」と、弟子が様式に従って師と対座し問答する「参禅」とつづき、それが終わるとリラックスした雑談タイムというのが、毎回の模様のようだ。

そして、この小説の第二回に描かれる内容は、二人の雑談に重点をおいて展開する。もちろん、狭い家でのそれでもしっかりと様式にのっとり、厳粛に進行する参禅の模様も描かれる。そのなかで、師はただ一人の弟子を教え導けばいいのだという「船子夾山（せんしかつざん）」のエピソードを通して、夢洞と史朗の師弟の質を語り、そのとき「涙がとめどなく流れた」感動などを伝えるし、師の提唱については、いつも自分一人で独占して聞くのはもったいないと思い、「大学の講堂あたりで、名だたる学者の講義を聴くのとは雲泥の差がある」などと、尊敬してやまない思いも披瀝する。ただ、禅そのものについて、夢洞がどのように指導したかというような、事細かなエピソードはない。そこで語られるのはむしろ、夢洞の人柄や史朗とどのような関係性をもっているかだ。そしてその後の雑談の模様は、同じような認識のベースをもった二人の知識人の会話といった趣だ。

せんべい布団を出し、「どうだ何か面白いことがあるかね」と話を向ける夢洞に、史朗はさっそく前夜の心霊研究会の実験のことを話す。夢洞は興味を示し、「手品みたいことをやるのじゃね」と目を輝かせるが、そのあとすぐに「そういう奇蹟より俺達のはまってる奇蹟の方がよほど人きな奇蹟だね」と笑う。史朗が塚本家で話したことと同じ言葉だ。そして、その奇蹟は座禅のなかにあると二人とも確信している。おそらくそれは、釈迦の悟りと関わる仏教の根本の境地を指しているのだろう。

鈴木大拙はその著『禅』（ちくま文庫）のなかで、その境地を「無限に広がる一大虚空のなかで、一切の制約から自由な超越者となる」と語る。それは、「実在とは何か」という根本命題を考え抜き、修業と苦行を重ねた釈迦が、その苦行一切を廃してなお問い続けたとき、突然体得した境地だ。それは、「かれは今や問いそのものとなった」のであり、「そこにはもはや釈迦牟尼という問う者もなく、自我を意識する自己もなく、かれの知性に相対してかれの存在をおびやかす問いもなく、さらにまた頭上を覆う天もなく、足下を支える地もなかった。〔…〕そこに見いだし得たものは、全宇宙を覆う一個の大いなる疑問符であったろう」という状態であるらしい。それは問う者と答える者という二元的な考え方の消滅であり、心が「絶対空」の状態に入ったことを指すのだと鈴木大拙はいう。禅は、論理的探求ではなく、個々人がその境地を体験することを目指しているのだ。

実は、鈴木大拙自身がその悟りの境地を体験したという。この『禅』の最後に、秋月龍珉（あきづきりょうみん）の「解説〝わたし〟を徹見すること」が掲載されているが、その冒頭で、こんなエピソードを書いている。大拙が、「ある外人の集まりに臨んだ」ときのことだ。大拙はそこで、「バイブルに神が光りあれと言ったら、光が現れて夜と昼ができたとあるが、いったい誰がそれを見ていたのか」という問いを発した。当然誰一人、答えるものはなかった。それに対し大拙は、こういったという。

「わしが見ていたのだ。このわしが、その証人なのだ」「ほかならぬわれわれの心に、そのはたらきがあるのだ。われわれは時々刻々それを行（ぎょう）じているのだ」と。

この文章を読んで、私はめまいがした。私にはとうてい理解を超える。だが、夢洞がいう「俺達のはまってる奇蹟」というのは、その境地なのだろうと思う。確かに奇蹟である。そして、釈迦を始め、偉大な禅の先人たちがその境地に達したことを二人とも確信し、また、夢洞もすでに自ら体験したのかもしれない。史朗は目指しているものの、まだ体験にはいたってないようだ。しかしなかなかうまくいかないと弱音をはくと、夢洞は荘子の話題などを話しながら「万即一（オール・ワン）」の境地に飛び込むんだね」と諭す。それに対して史朗が、その「万即一」は、西洋のシェリングの哲学と重なることを指摘する。西洋哲学でも同じようなことを言っているというのだ。西洋哲学の研究を重ね、思考したあげく禅に行きついた利鎌ならではの展開だろう。

「先生、西洋の哲学者にそこの消息をうまく説いたのがあります。認識我が被認識我に没入する刹那、吾等は時間と時間の持続を絶滅せしめる。吾等はもはや時間のうちにはいない。かえって時間が、いやむしろ永遠そのものが吾等のうちに存在するのであるからというのです」「ふむ、ところでその認識我と被認識我というのは?」「つまり主観と客観、禅語の能と所の対立でしょう」。たしかに、史朗が語るこのシェリングの哲学は、まさに鈴木大拙が『禅』のなかで語っていたことと同じことのようだ。

二人の雑談はこんなふうにつづいていく。禅を語りながら、荘子や西洋哲学まで語り合う。同じ眼差しを持つ者どうしの、打てば響く会話である。史朗にとって夢洞は、尊敬する師であると同時に、自分の問題意識について存分に語り合える友でもある。彼のなかで夢洞の存在が大きな場所を占めるのは、それがあるからだ。こういう人とは、いつまでも語り合いたいと思うのではないか。単なる師弟関係を二人は超えている。

このほか、史朗と禅については、第五回と六回で座禅の話として集中的に語られる。第五回は、「前波史朗は坐を組むことをよく冗談に自分のドライ・クリーニングと呼んでいた」という言葉で始まる。ドライクリーニング、なんと端的なたとえだろう。したがって、四畳半の書斎で、誰はばかることなく意のままに座を組むことに、「誘惑に似た楽しさがあった。ことに夜床に入る前に坐わる一時（いっとき）は、何ものにも代え難い快（こころよ）いもので、自分が浄化され生気づけられたという広深い歓（よろこ）びを受取るのだった」と書く（「坐わる」は小説の表記）。もちろんそのような「澄（す）み切った恍惚境を齎（もた）らす」時ばかりではなく、妄念妄想に襲われ、大波にもまれ、奈落に引きずり込まれるような「目のくらむ思いをすることもあった」。「一番始末におえない時」は、体の中心が失われ、正身端座の正しい形もくずれてしまい、その妄想に応接し撃退しようとすることでヘトヘトになるのだという。しかし、そのような状態も「自己の本有に向う」のだという先達の禅書の一説に触れて納得し、「有頂天になった」。以来、そのような妄想妄念が表われるときは、心に雲がかかり、風が吹いているのだと思うようになり、流れに任せるようになった。「時には妄想と一つになってそれとさえ遊ぶといったことがままあるようになった」という。

ここまでは史朗と座禅の説明で、第五回の本題は、その夜の座禅での妄想体験が、塚本夫人との思い出の回想として展開するのだ。この日、塚本夫人に金を借りに行ったという話を徳永から聞き、怒りに心が乱れたあと、塚本夫人との絆に思い至り、徳永に背を向けて座禅を組んだ。座るやいなや、すぐに妄想のとりこになった。そしてそれは「不思議なことに彼女との間の様々な回想がフィルムのように過ぎる」状態だった。

回想は二人の出会いから始まる。

いよいよ塚本夫人との関係に入ろう。

回想に入る前に、この第五回までに彼女との関係はどのように描かれてきたかを見ておきたい。前述したように、二人の恋愛はかなりオープンで、史朗は塚本家と家族のようにつきあっている。泊まることもしばしばのようだが、二人の間には性的関係はないようだ。史朗は、二階の座敷で新一の隣にのべられた布団に寝るのである。彼女の着物を仕立て直した寝間着を着、静かに座禅を組む。そして新一少年の寝顔を見る。肉体的欲望といった描写は一切ない。そして翌朝起きてみると、夫人が早朝に使いを出したらしく、和服一式と徳永が来ているという姉の手紙が枕元にある、とつづいてこの回は終わる。この和服の取り寄せについては、こんないきさつがあった。参禅するのには、いつものように和服でなければと帰ろうとする史朗を、夫人は引き止める。暁子が「パパの着物と袴を出してあげたら」と、無邪気に提案したのに対し、夫人は「そんな汚らわしいこと」とつぶやくのだ。そういう感情がありながら、二人は性的には結びついていないらしい。

次に夫人のことが出てくるのは、徳永が彼女にお金を借りに行ったと話す場面だ。借りるとはいっても無心である。徳永が出かけたのは、史朗が夢洞のもとに参禅に行っている間のことだった。

前夜姉から史朗と夫人のことを聞き、「君とそれほど親しいんなら、つまり君と親しい僕とも満更縁のないわけでもあるまい」と、自分の窮状を救ってもらいに行ったとぬけぬけという。夫人はすんなり承知したらしい。史朗は彼女に対する恥ずかしさで怒る。「怒るべき時には全的に怒り、喜ぶべき時には全的に喜ぶために禅をやっている」史朗は、徳永を殴ろうとさえする。だが、彼女がいとも平静に彼をあしらったさまを思い浮かべると、怒りがしずまっていく。ここで史朗の微妙な恋心が語られる。

「汚らわしい彼の口から出る言葉に底知れない微笑をたたえて応対したらしい彼女の様子をきくと、たちまち彼の昂ぶった怒りも鎮まった」。それは、彼女の「奥ゆかしい立派な態度を思い出したら」、「自分一人が〔…〕あられもない取り乱し方をしてなるものか」と思ったからだ。彼女に対して恥ずかしい、と。それだけではない。「おそらくは彼女もその時彼の態度をすぐと心に描いて、今の彼と同じように心を和らげたものに違いない」と確信する。つまり自分の心の状態と彼女のそれは同じはずだという確信だ。いかにも恋する男の思い込みのようだが、史朗はまるでテレパシーが通じ合ったようにそう思う。「一種見えない一本の紐のようなものが二人の間をしっかり結んで、〔…〕二人の心は離れていても一つなのだ」と。

これだけを読むと、最近のストーカーにみられるような、自己中心的な人間の、思い込みの激しい言葉のように思える。知的な男性が語ったとは思えない、気恥ずかしいまでにストレートな言葉でもある。だが、史朗は思い込みの激しい男ではない。その彼がここまで言い切るのは、何かしらの実感があったのだろう。このような感情は初めての経験だったというのだ。そして、この体験によって彼の彼女への思いはさらに強まる。坐禅を組むのはこのあとのことだ。彼女との回想が湧き上がってくるのも当然だった。

さて、妄想は回想フィルムとして、一コマ一コマが彼の心に映し出されていく。

出会いは去年の夏、房総のとある海辺でのことだった。史朗は寺の一室を借りて勉強していた。彼女は二人の子供と避暑に来ており、溺れかかった新一を史朗が助けたことから、互いの宿舎を行き来するようになった。史朗ははじめ、彼女のあでやかな貴婦人ぶりに反発を感じた。だが、彼女の率直な振る舞いと、禅の話をしても相当の受け答えのできる知的な姿に見方を変えていく。そして、彼女が心に深い屈託を抱えていることを知る。「東京の不愉快な生活より、この田舎の海岸の方がよほどまし」だとか「孤独には慣れてる」と言ったり、涙を見せたり、自分だけの神の話をしたりするからだ。

史朗は苦しみを糧にするような神様は、本当の神ではないという。それに対し彼女は、苦しみからのがれるため、親鸞も禅もためしたが救われず、以前からあった霊感がさらに強まるようになり、そうした心霊現象とつながる神にすがるようになったことを告白して泣きじゃくる。「人様の前で泣いたことがございませんのよ」という彼女が、「しかし貴方の前では何だか安心して泣ける」といい、史朗は「この不思議な女性の不幸が何だかわかったような気がした」と思う。彼女は出会ったばかりの史朗に、誰にも明かさなかった自分の秘密をさらけ出している。つまり史朗は夫人にとって、はじめから心を開くことのできる特別の人だった。彼はそれを受け止めた。それが始まりだった。

しかしそれを恥じたかのように、彼女は急に東京に帰ってしまう。史朗は寂しい思いをする。そして、東京に戻ってから彼女の家を訪ねる。すると彼女はいかにも待っていた様子で迎える。少し前に彼の顔がはっきり見えたのだという。夫人の霊感である。それを史朗は「何だかストリンドベリーから受ける感じに似ています」と、海辺で話をきいたときよりは柔らかく応じる。結局その日も彼女は身の上話をし、涙を流す。その姿に、史朗は「まだ見ぬその男性に対して自然強い敵対の感情を持つようになった」というから、涙の原因はその男性とのことであり、つまるところ夫との関係だと彼女は打ち明けたのだ。二人はもはやはっきりと恋をしている。

さらに回想はつづく。二人の関係がもっと決定的になるシーンだ。いつもは応接間で話し合うのだが、ある日、奥の彼女の部屋に通された。丸窓のある部屋で、違い棚には蒔絵の鼓が置かれ、窓の下の文机の上には書きかけの写経の巻物が広げられている。丸窓のある部屋といえば、独身のころ、らいてうが使っていた部屋だ。『青鞜』に、らいてうは「丸窓通信」を連載している。そこに彼女がやってくる。

「彼が振り向いたのと、彼女が正面の襖(ふすま)を開けたのはほとんど同時であった。と、その途端、彼は無意識のうちに十字架のように双手(もろて)をひろげ胸を張って彼女を迎えた。〔…〕彼女は、突然衝動的な情熱をもって彼の胸の中に飛び込んで来た」。彼女は「この日をどんなに待ったか」と、彼の胸のなかでさめざめと泣き、彼はとっさの自分の行動とその結果にとまどう。とまどいながらも、キスをする。

回想フィルムはこんなふうに続くのだが、それが座禅のなかでの妄想というところが通常の恋の思い出と違っている。史朗は座禅を組んでいる自分と妄想とをはっきり自覚している。思い出にひたるのではなく、その妄想によって自分のなかから何かしら、ある境地が得られるかもしれないという期待を持っている。だから、途中で好きな寒山の詩が浮かんだりし、「妄想のうちにも必ず何かしら所得があるぞ」と、思うのだ。そして彼女のさまざまな幻影が浮かぶにもかかわらず、「まるで女の匂いが感じられない」「肉の香に悩まされない」と、不思議がってもいる。したがって、初めて抱きしめあったこの回想に甘美に酔うわけではない。むしろその回想によって彼は、長いあいだ答えの得られなかった禅の公案について、答えを得たと興奮するのだ。

それは、そのとき彼女が、自分の神様が彼を与えてくれたと語った言葉を思い出してのことだ。彼女は、これまで一人で人生の旅をつづけてきたが、因習も道徳も家庭も矜持も何もかも捨てて彼の支配に身をゆだねたとき、初めて生きがいを感じたと泣きながら語った。その言葉を思い出し、「そうだ、自己の全部を投げ出して相手と一枚になるあの境地だ。それだ、それだ」と、史朗は心のなかで叫ぶのである。何度も師に突き返された公案が、「からりと晴れ渡ったように解けた気がする」と。

つまり、恋人との回想フィルムの最中にも、頭のどこかで禅の公案を思考していたということだろう。しかし単なる思考の結果としてだけの答えを、禅は認めない。体験し体感をとおしての答えでなければならない。史朗は、その体感として答えを得たと感じたのだ。その実感が、「そうだ、それだ、それだ」なのだろう。彼は、すぐにでも師のもとに駆けつけようとさえ思う。それほど答えを得たという強い実感があったのだ。だがもう一度公案について考えようとするうちに、妄想は消えていく。

そして、「さやかに澄みかかった心」で座禅を解く。そして座禅の境地が、確かに一歩深まったように感じ、「自分のうちに新しい力を感じた」と思う。あくまでも禅なのだ。二人の間に強い絆があると確信しながら、その恋に酔いしれることはない。史朗の恋のかたわらには常に禅がある。一方夫人は、彼を神とも思っている。当然、二人のあいだに微妙なずれが生まれる。この微妙なずれによって、その後の二人の関係に、生々しい葛藤が生まれていく。

後半の第九回から十一回がその葛藤だ。史朗は大学にかかってきた電話で、夫人からデパートに呼び出される。約束の特別食堂に到着すると、夫人は自分の妹を紹介する。かつて「新しい女」といわれ、「一種の婦人解放運動」の主唱者とされたその妹の名前を、史朗は夫人に出会う前から知っていた。名前は出てこないが、この〝妹〟は平塚らいてうである。史朗が初めて目にしたその女性は、予想よりも華奢で、いかにも知性的であった。そして、若かったころの自分の姉〔卓〕にも似ていると思い、ふと懐かしさを感じたりする。この小説で唯一のらいてうの登場シーンだ。

それから史朗と夫人は、その食堂でお茶を飲み、その後紳士服売り場に向かう。彼は呼び出した用件を問うが、彼女はそれをはぐらかし、彼のスーツを作らせてくれと懇願するからだ。もちろん史朗は断る。だが、押し問答の末、「情熱的な彼女の物を言う美しい瞳」に負けて、その気持ちに従おうとする。このあたりの描写の甘さは、読んでいる方が照れるほどだ。そして思いがけない遭遇が起こる。夫人が史朗のために見立てていた布地のもとへと進むと、彼女は「あっ」と小さく叫ぶ。彼女の夫がその布をつかんでいたからだ。劇的な出会いである。史朗は悪びれずお辞儀をする。夫もばつの悪そうな顔で頭を下げ、「ゴルフのニッカーをこれでこさえてみようかと思ってね」

という。夫人は「いい柄ね。お似合いになるでしょう」とつんとすまして答え、史朗を促してその場を離れる。夫の前で堂々と恋人との姿を貫くのだ。その「冷たい風のような挙措に、前波は夫に対する彼女の鋭い批判の全部を読み取ることが出来たように思った」と、あくまでも夫人と史朗の側にたった説明文で、このシーンは終わる。だが、夫婦が同じ柄を選んだという、趣味嗜好の共通性の印象は残る。

夫人と史朗はそのままデパートを出て食事をし、いよいよ夫人の用件に入る。それは彼女の離婚についての悩みと相談だった。

夫人はこれまでのいきさつと現状をこんなふうに語る。長い間夫とは事実上別居状態が続いている。夫人はその状態を父親に対してすまないと思っているが、父親は時々別荘に出かけ、その留守を夫人が守っているという形をとれるよう配慮して、それを許してくれている。夫の官舎に住まない理由を、そんな形で世間に対してとっているのだ。だが、離婚という話は言い出せない。父親の顔を見ると、どうしてもすまないと思ってしまう。家を継いだ娘の責任感だろう。この状態で耐え忍んでいくしかないと思っていた。ただ、それでは自分は生きた屍のようになってしまうし、夫も好きな人と結婚できない。やはりこのままではだめだ。積極的に生きようと思うようになった。それは史朗と出会ったからだ。もちろん史朗はこの決意を喜ぶ。

その前提に立って、夫人は改めて自分の立場と悩みを語る。妻としての自分は最初のスタートを間違えた敗北者だが、夫婦の話し合いで乗り越えることができる。親としての自分もどうにか二人の子を育てた。暁子を嫁がせれば一つの役割も終わる。それについて史朗に誰か紹介してくれと頼む。史朗はすぐに「善良摯実の」同僚の顔を思い浮かべる。例の、物理学専攻の上原だ。そして夫人は最後の「子としての自分」について語る。「これ一つが最後の、そうして一番大きい目前の悩みなのよ」と。そして、自分を夢洞のもとに連れて行ってくれと、史朗への第二の願いを語るのだ。「私、妻としても母としても決心はついたけれど、どうしても子としての決心がつかないから、先生のところへ上がって、思い切りどやしつけて頂きたいの」。それを聞いた史朗は、「分かった。じゃ、行こう。これから真っ直ぐに谷中へ行こう」と立ち上がる。

　ところが夫人は、「これから二人きりでどっか遠くの方へ行っちまはない？」というのだ。ここから二人の葛藤が始まる。葛藤というより、性をめぐるすれ違いだ。夫人は離婚を決意し、それを史朗にも告げたことで、もはやそれが成し遂げられたような気持ちになっている。その幸福に酔い、二人っきりで過ごしたいとロマンチックに思っている。「親に対する子としての責任」の問題はどこかに飛んで、早く結ばれたいと情熱的に突き進む。いや、それに対する恐れが強いだけに、この幸福感を無理にでも持続して、乗り越えるべき壁を一時でも忘れたいのだ。それが「二人でどこか遠くに」になっている。

　それに対し史朗は、夫人のその思いをわかりつつも引きずられない。まだ何一つ解決していない。今、谷中の先生のところに行きたいと言った言葉はどうなったのだ、という思いだろう。どこに行っても同じ人間であり、そう夢のようにはならないと覚めて言い、どこかに行くのではなく、どこに居ても自分が王という心境にならなければだめだと、「一心定まって天下に王たり」という禅の心を持ち出す。夫人は「それつまんない」とすねる。自分がその心に到達するころには老婆になっている。今なのだ、と。そして、旅行のための大金も持ってきているを見せる。お金を見て、さらに史朗は「とにかくこの金でどっかへ行くのはやめにしよう。何だか二重にも三重にも罪を犯すような気がする」という。二人はどんどんずれていく。彼の恋心は禅と共にあるからだ。

　だが、なんとか説得し、夫人を家まで送っていったあと、今度は史朗に煩悩が起こる。夫人に甘える新一をみて、自分と夫人のなかに「割り込んで来た小さい悪魔」と思い、胸が煮えくりかえるのだ。外では奔放に迫ってきた夫人が、家に帰ると「良き母」に豹変したことにとまどい、逆に、彼女の情熱によってかき立てられた思いが噴出する。その背景には、デパートでの夫人の夫との突然の遭遇が尾を引いていたのだろう。したがって、二階の座敷の床に入ると、彼を思い出し、「その瞬間、先刻少年に対して大人げなくもおこした感情より一層強烈な、憎悪というよりむしろ動物的な憤怒の情が、胸をはちきれそうにこみあげてきた」ということになる。夫人が二人の子供を産んだことに、激しい嫉妬がわきあがる。それは夫人の肉体を暴力的に蹂躙した夫への復讐心へと形を変えていく。「何故に二人の子供だ！　何故に二度までもだ！」。

　この小説のなかで初めて出てくる、史朗の欲望の発露である。「前波の目の前には、その時まざまざとまだ見たことのない彼女の全裸の姿が、ちょうどミロのヴィーナスのように浮かび上がった」という。座禅のなかでの二人の思い出の回想のときには、「女の匂いは感じられなかった」ことにくらべ、大きな違いだ。彼は惑乱し、彼女がこっそり忍んできたような妄想も抱く。しかしさすがにその感情に突き動かされる前に、座禅を組む。必死で妄想と闘い続ける。それは夜が白むまでつづく。

長年修行僧の面倒をみていた老婆が、彼が若い女性の誘惑を退けたことに怒り、庵を焼き払ったという「婆子焼庵」の公案の例もあるように、禅の修行はむやみに性を抑圧するものではないらしい。しかしこの場合、あるがままの欲望に突き進むのは罪だという意識が彼にはあった。だから必死で座禅を組む。そして、意外な展開でその危機は乗り越えられるのだ。それは、師・大岡夢洞の死を伝える姉からの電話による。屋敷中が寝静まっているなかに、電話が鳴り響く。女中が起き出す気配がないことから、やむなく史朗が出ると、たった今、谷中からの電報を受け取ったと、姉が泣きながら伝えてきたのだ。ドラマチックなこの第十一回は、史朗が電話を握りしめて呆然と立ちすくんだところで終わる。

そして、松岡譲が書いた小説の最後、第十二回と十三回は、その師・夢洞の通夜から葬儀にかけての様子である。

塚本夫人への伝言を残し、谷中に駆けつけた史朗は、遺体を目にした途端、夢洞夫人への悔やみを述べる間もなく号泣する。子供のころから泣いたことのない我慢強い男が、大声で泣きじゃくるのだ。そんな史朗に対し夢洞夫人は、葬儀を取り仕切ってくれるよう懇願する。自分と息子は夢洞にとっては俗縁だが、あなたは、夫が一番大切にしていた禅の一番弟子、いわば「法の息子」なのだからと。このとき、「一番弟子」という言葉に、彼は強く恥じ入る。師が倒れ、息を引き取ったころの、自分と塚本夫人のことを思うからだ。この嘆きと自省は言葉に言葉を重ねて強い調子で語られる。そして、最後に心から詫びるつもりで、顔にかけられた白布をとったとき、史朗は「この顔を見よ！」と、獅子の咆哮を聞いたように思うのだ。

夢洞は、小石川の春光院（しゅんこういん）で亡くなった。午後に、少林寺の老師が来られるということで出かけ、老師に相見して拝をすませて頭を上げようとしたとき、「ウン」となって、その場に突っ伏したのだという。脳溢血である。医師の手当ての甲斐もなく、そのまま危篤に陥り、夫人が呼ばれて駆けつけても意識は戻らないまま永眠した。ただ、老師に相見した後であり、死に水もとっていただいたことは、夢洞にとっては願ってもない最後だったかもしれない。史朗は夫人や長男と相談し、生前の師の意志を尊重して簡略な葬儀にすることにする。わずかの関係者に知らせを送っての通夜、姉が弔問客の世話をかいがいしく一人で切りまわした。そこに塚本夫人も駆けつける。史朗の伝言を見、たちまち車を走らせたが、住所を知らず、谷中じゅうの葬儀屋を調べて、やっとたどりついたのだという。

遅くなって、徳永と上原も来る。上原はテレビジョンの研究をしており、史朗が暁子の結婚相手にとひそかに願っている男だ。相変わらず傍若無人な徳永が、史朗に帰れといわれても居すわり、騒がしく振る舞う。その騒々しい言動が、塚本夫人の朝方の不思議な体験を引き出す。霊感の強い彼女は、夢洞の霊を見たのだ。朝方寒気がして眼をさますと、「六十格恰のずんぐりした姿の血色のいい方」が枕元に座っていた。夢洞に出会っていない彼女は、その人物が誰かわからない。澄んだ瞳で何か話がありそうにじっと見る。寝ていては失礼と思い彼女が起き上がると、ふと消えた。今度は端然と座禅をしている姿を見る。夫人は「谷中の先生」と直感し、彼に何かあったと思ったという。

その話を聞いて、史朗は「全身に水をかぶったようなショックを感じた」。師が彼女に何を言いたかったのかが、直感的にわかったからだ。その直後、塚本夫人に対する史朗の態度が急激に変わる。あれほど思い憧れ、前夜は征服欲もかきたてられて朝まで眠れなかった、いとしい夫人。弔問に訪れた喪服姿を見て、「一層水際立って引き立ったその磨きすました美しさは、ここの雰囲気の中ではまるで黒い天絨毛（びろうど）の中からのぞいたダイヤの如き別世界の輝き」とまで思い、「新しい魅力を見出して目を聳（そばだ）てた」夫人。姉のひそかな怒りを知っても、やましさは覚えなかった夫人。彼女の娘や息子とも当たり前につきあい、夫に出会っても堂々とふるまい、誰に対しても付き合っていることを隠し立てせずに、恥じることの無かった恋人。その彼女に対し、急に「汚らわしいものに感じ」、「売女奴と一喝して鉄棒（けん［ママ］）を食わしてやりたいような衝動を感じた」というのだ。

この急転直下の変化には、ちょっと呆然とさせられる。これまでのこの物語の魅力は、史朗と夫人が不倫の関係にあっても、自分たちの恋愛を堂々と表明していたところにあった。罪はあっても、それは二人で共に犯した罪である。あがないはしなければならないが、恥じることはない。史朗は禅を優先させつつ、その修行と彼女との恋愛は矛盾するものではなかった。そのような二人の関係性を、なんて現代的なと思っていた。ところが突然、史朗は彼女を悪魔のように語り出すのだ。

夫人が姉を手伝って立ち働き、夢洞夫人共々、女三人のあいだは親密になっているさまを見ても、「普通ならば当然喜んでしかるべき」と思いつつ、まるで史朗の妻のような彼女のふるまいを、憎々しげに見てしまう。それらはすべて、師が彼女に語りたかったことを直感したことによる。おそらくそれは、謹厳そのものであった師の遺体を前に「この顔を見よ！」と、一喝された思いと重なるのだろう。師の素晴らしさへの思いが募り、荘厳ささえ感じるようになっていた心理に促され、胸の奥底におし隠していた蓋がからりと外れてしまったのだ。修行者として、恋愛問題を正しく乗り越えたわけではなかった。修行と恋愛を単純に並立させていただけだった。それを堂々としたふるまいによって自分にも他人にも納得させていた。その中途半端さに直面したのだ。

それにしても、夫人を突然悪魔のように見なすのはおかしい。それは修行者としての一面だけが突出した形だし、問題の責任を夫人だけに負わせている。聡明な史朗はいずれその矛盾に気づいたと思う。しかしその部分は読むことができない。なぜならこの小説は、前田利鎌が書き上げた作品の、最後の部分が欠落したものをもとに、松岡譲が仕立てたものだからだ。利鎌はその葛藤と帰結を書いたはずだ。それは修行者としての恋愛問題を、彼なりに乗り越えた内容だったのではないか。そしてそれは、愛する人に対して、堂々と贈るにふさわしいと、利鎌が確信した内容だったはずだ。けれども贈られた女性は、それを人目にさらすことを拒んだ。その部分は亡くなった利鎌と自分だけのものとしたかったのだ。そしてそれは永遠に失われてしまった。

さて、松岡譲が書いた小説『素顔』は、もうすぐ終わる。夢洞夫人に手渡された師の日記を読んで、まるで「おいしい滋養物かなんかを、居士がかみ砕いて彼の口に入れてやってる」ような思いをし、その日記を是非にと言って譲り受けた。上原の発案でデスマスクをとろうとしたが、失敗した。そして少林寺の老師の立ち会いで納棺する。棺を焼き場へと運ぶ。その道すがら夢洞夫人が史朗を老師に託し、老師は快く引き受ける。亡き夢洞の自慢の弟子に、さらに発憤して修行せよという。史朗は老師の言葉に感謝し、「近日少林寺に相見に出る旨を誓った。」で、第十三回は終わる。末尾は「(つゞく)」となっている。

そして翌月号に「「素顔」最終回にかえて」の一文が寄せられ、弟の戦死の報に接して、最終回は書けなかったと松岡は弁明する。そして、利鎌の書き残したものは、これまでではほとんど消費されたこと、今度は松岡独自の視点で後半を書いて、一冊にまとめて刊行したいと抱負を述べている。後半の内容は、史朗がさらに禅の修行に邁進するのに対し、「女主人公の方は邪教に趨る事になるので、その両方を対照しながら書いて行くつもり」と構想している。しかし、その続きが書かれることはなかった。

ただ、こうして読んでみると、これはこれで一つのまとまりのある小説のようにも私には思えた。第一回で史朗が母親の霊を見ることに始まり、最後の第十三回は塚本夫人が夢洞の霊を見る話題で終わる。そして、そうした心霊現象と禅を軸に精神世界の諸相をのぞかせながら、二人の恋愛のさまを見せていくという構成になっている。史朗の葛藤の決着がつかないまま終わっているが、若き日の魂の彷徨ということから見れば、さほど奇異なことではない。宗教一辺倒でもないし、最近のミステリーのように心霊現象を前提にしたオカルト趣味に耽溺するのでもなく、人間のありうる姿として両者を描いている。私としては、そのことがなによりも興味深かった。そして、その宗教的話題の中核にいる夢洞の死で終わるという終わり方も、一つの決着を思わせるからだ。

最終回ではこの心霊現象についてのもう一つ面白いエピソードが語られる。それは、塚本夫人が夢洞の霊を見たと語ったあと、徳永が上原に「君は科学者だがどう考えるね」と、問いかけてのことだ。上原はテレビジョンの研究をしている。いわば当時の、最先端の科学者だ。徳永は当然、そのような非科学的なことをと、一笑に付すと予想して聞いたのだろう。ところが上原は、「霊があるかないかという問題ですか。さあ、僕にはわからないが、感じからいうと何だかあるような気がしますね」と答えるのだ。彼はそのことを、テレビジョンの理論で説明する。テレビジョンはある物体を無数の線に区切り、その明暗のついた線を設備のある受信機に送れば、像を結ぶという仕組みである。本格的な実現はまだだが、その仕組みは学問上すでにわかっていると、上原は明言する。そして、こう付け加える。

「凡そ物体というものはみんな分子から成り、その分子はすでに原子から成り、最後に原子は電子の一定の配列から成ってるのだから、これを逆にいうと、もとの物体というのはつまり電子の一定の配列群だという風に見られますでしょう。そうだとすれば一方物体を電子の流れとして発射するものがあり、他方でこれを発射の順序に受け取ることが出来れば、物質の電送というものが出来そうじゃありませんか」と話し、「霊の働きなどということも一概に迷信呼ばわり出来ないように思うのですが」という。塚本夫人には優れた受信設備があるのではないか、と。

夢洞の死という劇的な話題のなかに、このような霊と科学の話も出てくる。これまでの上原の話題からすれば、これもまた利鎌が書いた内容だろう。日本にはまだラジオがなかった時代に、テレビジョンの話題が出てくることに驚かされるが、実際日本のテレビジョンの研究は、ラジオが登場する前に始まっていた。

現代のテレビの創始者とされる高柳健次郎（たかやなぎけんじろう）が、「電子方式」のテレビジョンを構想し、研究し始めたのは、一九二三年のことだ。目前に迫っているラジオの研究は、多くの人が手がけるだろう。

自分はその先のテーマに挑戦したい。十年や二十年後に実現できるものをと模索し、テレビジョンに行きついた。浜松高等工業学校の助教授に赴任し、その研究を本格化させる。そして、現在私たちが見ているテレビと同じ仕組みを持つ、「電子方式」のテレビジョンによる「イ」の文字の電送・受像実験を世界で初めて成功させたのは、一九二六（大正十五）年十二月二十五日である。大正天皇崩御の日だ。実験を成功させて、夜遅くに研究室を出ると、号外の呼び声が「崩御」を伝えたという。ちなみに、社団法人東京放送局（JOAK）が日本初のラジオの定時放送をはじめるのは、一九二五年三月二十二日。以後、大阪、名古屋にも開局するが、本格的に普及するのは、昭和にはいってからになる。

　この高柳が、上原のモデルなのではないか。高柳は、静岡師範学校を卒業後、東京高等工業学校附設工業教員養成所で学んでいる。一方上原は、「この学校の前身である専門学校（一九〇六年に東京高等工業学校と改称される前の「東京工業学校」のこと。ちなみに東京高等工業学校は、一九二九年に旧東京工業大学になる）を卒業後、工学士になるためもう一度入学した」という経歴の持ち主で、年齢も史朗とほぼ同じ人物として描かれている。一旦卒業したあと、また学び直すといったあたりも高柳を思わせるし、高柳は、明治三十二年一月二十日生まれで、利鎌はその前年の一月二十二日生まれだから、「年齢もほぼおなじ」なのだ。ただ、高柳は一九二一（大正十）年に東京高等工業を卒業している。そのころの利鎌はまだ東京帝大の大学生だから、二人は高等工業では出会っていない。出会ってはいないが、利鎌はテレビジョンの研究をしている高柳の名前を知っていて、彼をモデルに上原という人物を造形したのではないか。

そう思う理由は二つある。一つは、高柳が日本でただ一人の「電子式」テレビジョンの研究者だったことだ。当時日本でテレビジョンの研究をしていたのは、高柳だけではなかった。アマチュア無線家らが、そのころ欧米で盛んに研究開発が進んでいた「機械式」テレビジョンを学び、その装置を取り寄せて実験したりしていた。高柳の『テレビ事始』（雄山閣）によれば、ヨーロッパでは無線通信が可能になったころから、テレビジョンはすでに夢想され始めたという。だが、当時の工学にはそれを可能にする技術は無い。空想物語としてのみ流布していたが、一つの方策として開発されたのが「機械式」だった。

「動く映像」を送受信するテレビジョンは、何百万画素もの映像を一つ一つ順次に送り、受信機に再び映像を結ばせる必要がある。そしてそれには、高柳によれば、重要な四つの段階がある。①実際の光景をカメラなどに映し出し、その映像（光）を電気に転換すること。②その電気を再び光に転換させて画像として目に見えるようにすること。③その両者の転換時に電気を増幅すること。④撮像の分解と受像の組み立ての「走査」を同期させること。写真の電送やラジオに比べ、どの段階にも高度な工学技術が必要だ。しかもそれらを猛烈なスピードで行なわなければならない。「機械式」は、その分解・組み立てと増幅を、鏡や小さな穴を開けた円盤を使って可能にする方法だ。そして欧米では白十字の映像の送受信を成功させていた。そうしたことから、日本でもアマチュア無線士だけでなく、早稲田大学などでもこの機械式の研究が始められた。

高柳も、欧米からの雑誌でそうした研究について知り衝撃を受けるが、詳細に検討し、自分自身も実験をするなどした結果、その方法では静止画像だけならまだしも、精密な、しかも動く映像の送受信には、機械をかなり大型化させなければならず、必ず壁にぶつかると考えた。そして、「真空の中を走る電子=陰極線こそが、自分の要求を満たすものではないか」と考える。電子線は電圧次第で瞬間的に、自由自在に動かすことが原理的に可能だからだ。そして問題は、その電子線を発生させ、増幅させる真空管だった。当時まだ大型の真空管をつくる技術は無かった。高柳は、物理学で物質の測定装置として使用されていた「ブラウン管」とよばれる真空管や、ドイツから輸入された雷の研究のための装置「カソードレイ・オシロスコープ」などからヒントを得、テレビジョン用のブラウン管の研究に邁進する。

高柳の「電子式」へのこだわりは、もちろんテレビジョンの可能性をつきつめた上でのことだが、もう一つ高柳には物質の構造研究への意欲があったことも関係していたようだ。静岡師範学校で物理学に目覚めた彼は、それをより深く学ぼうと、東京高等工業附設工業教員養成所に進んだ。しかしそこでは、物理学を専門に学ぶことは出来なかった。高等工業は、電車や発電など、生活を便利にする学問を学び、研究する場だったからだ。

だが、テレビジョンの研究に進んでも、彼はその原理論的思考方法をつらぬいた。「電子式」は、物体の根本である電子によって、光を送受信するという明快な理論から出発していたからだ。そしてその考え方が、小説のなかでの上原の発言に重なる。「物体というのはつまり電子の一定の配列群だという風に見られますでしょう。そうだとすれば一方物体を電子の流れとして放射するものがあり、他方でこれを発射の順序に受け取ることが出来れば、物質の電送というものが出来そうじゃありませんか」。

大正天皇崩御の日に成功させた実験結果を、高柳はすぐには公表しなかった。電気学会に論文を発表し、研究者たちの前で講演と実験を行なうのは二年後のことだ。しかし利鎌は、高柳が「電子式」テレビジョンの研究をすすめていること知っていたと思う。高柳が浜松高等工業学校に赴任したのは、東京高等工業の教授の尽力があったからだ。両校はいわば姉妹校である。研究のうわさは届いていただろう。

そしてもう一つ、利鎌が高柳に親近感を抱いたと思う理由がある。それは高柳がまだテレビジョンに取り組もうと、漠然と夢想していたころ、その夢想のもとにあったのが、子供の頃に聞いた阿倍仲麻呂のエピソードだったことだ。

「安倍〔ママ〕仲麻呂などが中国に渡って、日本を想いその様子を知りたいと、三笠山などの景色を念力で映して再生して故郷をしのんだ」という話があったように、昔から遠くのできごとを見たいという願いは非常に強い。しかし、それを電気の力で行なえるとは誰も思っていない。しかし、有線の電話で声が伝わるのならば、顔や姿も伝わって見えるようになるのではないか。いや、ラジオ放送が遠くから無線で声を送れるのならば、映像だって無線でやれる理屈ではないか。(『テレビ事始』)

テレビジョン研究の始まりが、阿倍仲麻呂の念力のエピソードだったという。これもまた、上原の言葉と重なるのである。

『素顔』については、このあたりで終わろうと思う。利鎌がこうした知見や教養をベースにして書き、「愛するものの胸に贈る」という献辞を記した自叙伝小説が、どんな結末だったのかを知るすべはない。次は、松岡譲が「邪教」と断じた大本教に移りたい。邪教とされるような新興宗教に、なぜ平塚孝子はひかれたのか。そして利鎌はそれをどう受け止めのか。そこをたどれば、小説の結末も推測できるように思う。

まずは、前田利鎌と平塚孝子が出会い、生きた時代を見ておこう。十三歳の年の差はあるが、共に明治に生まれ、日本の急速な近代化のなかで成長し、成熟した。特に二人が出会った一九二〇年あたりの数年を中心とする大正時代は、日本の近代史のなかでも様々な意味で大きな変化をとげた時代であった。近代というものの顔をはっきり見せた時代といってもいい。その数年がこの小説の舞台になっていることは、とても興味深い。そして、史朗が自分の禅を「近代主義との戦い」といったように、利鎌自身も近代に抗して自分の思想を深めていった。大本教に打ち込んだという孝子もまた、何かしら近代への違和感を抱えていたのではないか。二人がどんな時代に生きたのかをみることは、彼らの思想的背景を知ることになる。その近代日本の歩みを見ておこうと思う。

本郷曙町の平塚家にて

後列：美沙子〔長女〕　米次郎　ユウシロウ　為人〔長男〕　統子〔三女〕
前列：孝子　タカコ　アケミ　千世〔次女〕　敦史　光沢
（1923年6月24日）

女の跫音が聞えた。

　彼が振り向いたのと、彼女が正面の襖を開けたのは殆んど同時であつた。と、その途端、彼は無意識のうちに十字架のやうに双手をひろげ胸を張つて彼女を迎へた。其の瞬間彼が短い聲を立てたかどうか自分にもわからなかつたが、すると一瞬意外な面持ちで敷居のところに立ち止まつた彼女は、突然衝動的な情熱をもつて彼の胸の中に飛び込んで來た。さうして彼の首に兩手を捲んで、胸に顔を埋めたまゝ縋りついて居たが、次の瞬間にさめ〴〵と泣き出して了つた。前波はこの意外も意外な現象をどうとつたらいゝのかまごついてしまつた。

「どうしたんです。どうしたんです。」

　思はず吃りながら、彼は周章てゝ兩手を女の腋の下に當てがつた、顔を見る爲めに體を離さうとした。と彼女は胸にいやいやをしながら益々固く武者ぶりついた。

「どんなに待つたか。毎日毎日この日をどんなに待つたか。」

小説『素顔』第 11 回の挿絵

［松岡譲著・坪内節太郎絵］

（雑誌『真理』1938 年）

九　日本の近代の明暗

明治維新以降の近代日本は、二つの側面を持って突っ走った。一つは、天皇制国家としての思想統制であり、もう一つは、「富国強兵」をスローガンに、戦争経済と貿易を主軸にしての急速な工業化、資本主義化である。まずは思想統制だが、村上重良(むらかみしげよし)は、「近代天皇制国家は、強烈な宗教国家」(『新宗教』岩波文庫)であると断定する。それは、「神社神道を一元的に再編成し皇室神道と直結することで成立した国家宗教」、つまりは「国家神道」を柱にした国家ということだ。言い換えれば、「伊勢神宮に祀る天照大神を国家の最高神とし、その子孫とする天皇を現人神として、あらゆる価値基準を一元化した」国家である。つまり、国家の主体は現人神である天皇だということを、無条件に受け入れ、信じるという思想で統制されたのだ。

明治維新後に強固に組み立てられたその構造が、いかに深く根を下ろしたかは、例えば大正デモクラシーのオピニオンリーダーであった吉野作造の「民本主義」の主張内容からもあきらかだろう。

天皇主権はゆるがず、政治はその枠内で民衆のために行なわれるべきだという主張だからだ。「国家の主権は人民にあり」という意味での民主主義は、「わが国のごとき一天万乗の陛下を国権の総覧者として戴く国家においては、全然通用せぬ考えである」（「憲政の本義を説いて其の有終の美を済すの途を論ず」より）としりぞける。だからこそ吉野の主張は多くの人に受け入れられたのである。そして現人神が否定された戦後から今にかけても、皇室は一種の心のふるさとのような甘美さで私たちの心を呪縛している。今なお「あらゆる価値基準の一元化」は、うっすらと続いている。

一方、資本主義化は、「富国強兵」「殖産興業」をかけ声に、明治政府の主導で進められたが、日露戦争から第一次大戦前後にかけた時期に、文字通り急速に進んだ。特に一九一四年から一八年にかけての第一次大戦による好景気が、日本を世界有数の資本主義国家に押し上げた。例えば、繊維・紡績産業は、一四年に比べ大戦後は、実に九十七倍もの発展を遂げたという。わずか五年の間のことである。鉱業、鉄鋼、造船、機械などの重工業も五倍の生産高と急成長した。京浜工業地帯などのいわゆる四大工業地帯は、このころに形成されたのだ。この好景気は二つの側面によってもたらされた。

一つは、戦争によってヨーロッパ各国が生産力を衰えさせ、アジアへ輸出できなくなったことだ。その間隙を突いて、日本はアジア市場に乗り出した。もう一つは、ヨーロッパへの軍需品の輸出だ。まさに日本の工業化と資本主義化は、戦争をバックにした軍事産業と貿易産業を軸にもたらされたのだ。その結果、運輸や金融業、商社など関連産業も発達し、水力発電によって電化も進んだ。そしてこの時期、その時流に乗って、突然金満家になる「成金」が生まれた。

　こうした急速な工業化、資本主義化は、日本社会の姿も大きく変えていく。まずは、工場労働者としての労働力を農村から大量に吸い上げたことで、農村と都市部の人口のバランスが大きく変わった。一八九八（明治三十一）年から一九二〇（大正九）年の間に、東京の人口は、百四十四万人から三百三十五万人に増えたという。約二・五倍の増加である。それらの大半は工場労働者だったが、それとともに官僚や中間管理者、教師などの中間層の増加も伴った。そして、賃金労働者が増えたことにより、貨幣経済がゆきわたっていった。一方、農村では、労働力の流出と貨幣経済の浸透によって、中間農民層が没落し、富農と貧農の格差が大きくなり、さらに離農と都市への流入をうながす。都市部でも、工場労働者の労働条件は劣悪で、第一次大戦の好景気は富裕層と貧困層の格差の拡大も加速した。好景気は物価も押し上げ、生活費が高騰したことによって、貧困層はさらに生活不安や生活苦に追いつめられたからだ。急速な成長がさまざまな矛盾を拡大していった。同じ時期に、「成金」の富裕層と、物価高にあえぐ貧困層との明と暗がくっきりと表われたのだ。

　当然のことながら、そうした大きな変化が、不満を蓄積し、社会不安を引き起こしていく。そして、それらの爆発として、一九一八年七月に「米騒動」が起こった。きっかけは富山県魚津町（うおづまち）の漁師の妻たちが、船への米の積み込みを妨害したことに始まる。前年勃発したロシア革命に対し、欧米とともにシベリア出兵が打ち出され、米穀商が高騰をにらんで米を買い占めたのだ。その結果、米価が急騰した。こうした買い占めと価格高騰はそれ以前からたびたびあり、不満が蓄積していた。その結果、富山から始まったその騒動はたちまち全国に広がった。都市の職人や農村の小作人、炭鉱や港湾労働者など七十万人から百万人もの人が参加したとされる。ほとんどが貧困層だ。約八千人が起訴されて、二人が死刑、十二人が無期懲役になった。この結果、寺内正毅内閣が倒れ、日本で初めての政党内閣、原敬内閣を誕生させた。このように米騒動は、近代日本史上最も大規模な社会運動であったが、それが組織された運動ではなく、自然発生的に起こり広がったところに、急速な変化と矛盾の蓄積の大きさを物語っている。そしてそこには、不満を引き起こす体制への異議申し立ての芽生えがあり、また社会変革を求める意識の芽生えもあった。

ここで、工場労働者の劣悪な労働条件について、一九一九年にらいてうが目撃したレポートを紹介しよう。第一次大戦によって大きく飛躍した繊維・紡績の女工の実態である。『青鞜』から一歩踏み出し、女性のさまざまな社会問題と闘う新しい運動を始めようとしていたらいてうが、名古屋に講演に訪れたおり、講演会の世話役を務めた市川房枝の案内で、「愛知織物」という紡績工場を見学したのだ。らいてうが初めて目にした女性の労働現場は、「地獄の光景と言っても、けっして言いすぎではないでしょう」というありさまだった。少し長くなるが、以下に引用しよう。

急速な工業化というものの実態が生々しく示されている。

> 紡績の作業場へ一歩入ったわたくしをまず戦慄させたのは、目の前に飛散する無数の綿ぼこりでした。あたりを見れば、床の上も紡績台の上も、室内に立つ何本かのペンキ塗りの太い丸柱の面までも、どこもかしこも綿ぼこりにまみれていないところはありません。そこに

働いている女工たちは、綿帽子をかぶったような髪の色であるばかりか、綿ごみは眉やまつ毛の上にもかかり、汗ばんだ額や頬にも産毛のように附着しています。

さらにわたくしを驚かせたのは、こんななかで働いているのが、ほとんど十三、四から十五、六くらいの子供であったことです。

〔…〕目のあたりまだ遊び盛りの子供が、子供らしい表情はおろか、病人のようなひからびた顔をして、綿ごみの舞うなかで、九十度（華氏）〔摂氏約28度〕以上の熱さのなかで、しかも神経を絶えず掻きまわすような喧噪な機械の音のなかで、十二時間という長い時間をいやおうなしに、紡績台にその心とからだをしばりつけられている悲惨な、そして残忍な光景に接しては、今さらのように驚きと憤りを新たにするばかりでした。（『元始、女性は太陽であった』完結編）

お嬢さん育ちのらいてうが、いかに衝撃を受けたかが良くわかる。衝撃だったのは、子供たちが働いていたことだけでなく、彼女たちが「子供の形をしたお婆さん」のようだったからだ。呼吸器や内臓を侵されるにちがいない劣悪な環境であり、そのなかで生気を失いながら機械に縛り付けられる少女たち。「可哀想な子供たちよ。わたくしがあなた方の権利を――『子供の権利』を主張してあげます」と心に誓ったという。

もちろんここだけがブラック企業だったわけではなく、それが当時の工場というものの普通のありさまだった。細井和喜蔵が改造社から『女工哀史』を出版したのは、一九二五年のことだ。細井は、大阪や東京、兵庫の紡績工場で働く織工であり、妻も同じ女工であった。その二人の体験をもとにレポートし小説にまとめたのだ。そして、細井はその発行直後に亡くなっている。農村から吸収された労働力は、おおむねこのような環境で働く都市労働者になっていった。そこから労働運動や社会運動の萌芽が芽生えていく。だが、ほとんどの労働者は権利意識など、まだ持ちようがなかった。らいてうもこう書いている。

婦人労働運動といっても、婦人労働者自身はまだ眠っているのです。彼女らと話をしてみても、労働者の意識といったものはまず感じられず、親孝行のために、辛いことも我慢して働かなければならないといった気持ちで、その苛酷な労働に耐えているのでした。（同前）

こうした過酷な労働が、身体を侵したことは容易に推測できる。明治末から日本の結核患者が増加していった。その原因が、女工たちの劣悪な労働条件と寄宿舎生活にあったとするレポートがある。農務省嘱託・石原修が、一九一〇（明治四十三）年に、全国二十八府県の結核罹患及び、結核の疑いのある帰郷者を、業種別に分類した結果、生糸・織物・紡績の三業種が約八〇パーセントを占めたという。「結核性疾患によって死亡した者は、総死亡者（帰郷者のうち）の実に七〇パーセントで、他の病気を遥かに上回っている」（速見融・小嶋美代子著『大正デモグラフィ』）。工場で肺を侵され、寄宿舎で感染し合い、それが全国の農村に拡散されていったのだ。

そのことについては、柳田國男も『明治大正史　世相編』（『新編 柳田國男集』第4巻）で、次のように指摘している。柳田が一九三一年に朝日新聞社から出版したこの本は、明治大正という時代に、それ以前からあった日本人の暮らしや関係性、精神がいかに失われていったかを詳細に、哀惜をこめてつづったレポートだ。失われた職業、村落などの小さな集団のなかにあった互助的な組織の解体、家族の崩壊など、近代化の波がいかに人々の暮らしを変えていったかを微細に描いている。そのなかで、新しく出現した職業としての女工について、次のように述べる。

わが国の工業はいわば女の仕事の延長から発達したと言っても過言はあるまい。しかしそれには残念ながら種々の不幸をも伴った。〔…〕もっと不幸なものは機械的産業労働が及ぼす肉体的影響であった。今までの労働にはあんなにまで健全に堪えてきた女性の身体も、近代の労働にはやられたのである。〔…〕多くの女工が呼吸器病に侵されるという事実は、一時農村に大恐慌を起さしたばかりではなく、今日もなお残る憂慮すべき現象である。〔…〕現在病気を土産(みやげ)にして帰る者が三割にも上るという地方があり、〔…〕村から女工を方々へ出しておくと、そのなかの一部は必ずこの病を帯びて戻ってくる。〔…〕元来金のかかる病気として知られていたものが、貧しい家庭にまで入り込んだのは大変な事件であった。それもこれから大いに働こうとしている者を、わざと選んで襲撃するような結果になっているのは、家々の復興事業のこの上もない障碍(しょうがい)であった。（『明治大正史　世相編』）

「今までの労働にはあんなにまで健全に堪えてきた」という言葉に、柳田國男の近代以前から近代を見るまなざしがある。農村や漁村での女性の肉体労働が、激しく厳しかったことを認識した上での発言である。そして、こうした事態になってもなお、農村から出てきた少女たちも、またそうした工場へと彼女たちを送り出した故郷の家族も、権利という言葉そのものを知らなかったにちがいない。また、天皇制国家の強力な思想統制が、家意識と結びついて、上に対する反抗心を奪ったこともあるだろう。理不尽さに涙を流しつつ、黙って受け入れるしかなかった。だからこそ、言い知れぬ不安や不満は、こうした労働者にも、貧しさにあえぐ農民にも蓄積されていったと思う。それは漠然とした古い体制批判や自由への渇望と結びついて、大正デモクラシーの空気を形成していった。

では、大正デモクラシーとは、どのような内実だったのだろうか。それは意識と文化の変化であり、工業化がもたらした比較的明るい側面でもあったように思う。

文化的側面としては次のような変化があった。まずは新聞、雑誌などのマスメディアの発達がある。新聞は日露戦争の状況を伝えたことから普及した。夫や息子が海の外に戦いに出かけた。その状況を知りたいという思いだろう。米騒動が日本全体に広がったのも、この新聞の役割があったからだとされる。そしてその上に、『太陽』『中央公論』『改造』『文藝春秋』『主婦の友』『婦人公論』などの雑誌が創刊され、雑誌文化が花開く。それらは書き手としての作家や文化人を育成し、購読者たちに教養主義をひろげていった。

この教養主義を可能にしたのは、電灯の普及である。欧米に対抗しうる産業の発展のため、エネルギーの電力化が急がれた。その結果、産業用として昼間使われた電力が、夜間に余った分を家庭での利用にと促進され、普及していったのだ。一九二五年までには、ほぼ全国にいきわたったという。そしてそれが、家庭での夜の生活を変えていった。暗いランプに寄り添っていた家族が、個々に新聞や雑誌を読むようになっていく。ラジオの放送が始まるのは一九二五年のことだが、映画やレコードの普及もあり、多様な娯楽が増え、個人がそれぞれ自分の趣味嗜好にひたることをうながした。また、鉄道、市電などの交通網の発達が、人々の行動範囲を広げた。特に関西では、阪急、阪神、南海、近鉄、京阪の五大私鉄が大正時代に開通し、その沿線に住宅地をひろげるとともに、娯楽施設や野球場も開設して、新中間層のユートピアとなっていく。阪急が開設した一大娯楽施設の宝塚に、少女たちの唱歌隊がつくられたのは一九一三（大正二）年であり、毎日新聞社の後援もあって、人気が急上昇していった。

つまり都市部では、これまでに考えられない多様な生活文化が広がっていった。いやが上にも新しい時代の到来を思わせた。それらモダニズム文化は、個人主義と自由への意識も押し広げる。従来の倫理観や束縛から離れ、自由恋愛が叫ばれるのもこのころからで、その結果、柳原白蓮事件や、有島武郎と波多野秋子の心中事件など、不倫や心中事件もあいついだ。また、こうした発達した生活文化の享受は、科学技術の発達に対する信奉、信頼の意識をもうながした。どうやら科学というモノが生活を豊かに便利にしているらしいということへの、信仰にも似た信頼感である。アインシュタインが来日したのは一九二二年のことだが、大衆はそれを大歓迎し、「アインシュタイン音頭」も生まれたという。相対性理論を理解しての歓迎ではなく、「偉大な科学者」をひたすら信奉したのだ。マルクス主義が支持を広めたのも、「科学的社会主義」という言葉への信頼もあったとされる。

この科学への信頼ということで、もう一つ書いておきたいことがある。心霊主義についてだ。小説『素顔』が、銀座のビルの地下室で行われた心霊実験会から始まったことはすでに紹介した。また、史朗の兄も心霊治療を行ったり、心霊写真を撮ったりしているという話題も小説には描かれていた。それは、前田利鎌の兄・九二四郎がその当時心霊主義に傾倒し、祭壇を祭り、治療などをしていた事実の反映である。大本教の信者にも心霊主義者がいた。一時は大本教教団の指導者の一人として華々しく活動した浅野和三郎（あさのわさぶろう）が、退会後、心霊科学研究会を主催するようにもなっている。どうやらこの時代には心霊主義が一種の流行でもあったらしい。これはなぜなのか。現在もさまざまなスピリチュアリズムが時折話題になる。新興宗教の周辺にはつきものだし、パワースポットや背後霊など、形を変えてブームになっている。しかし、心霊主義は、単なる心霊現象や霊感の強さ自体のことではなく、それを科学的に実証しようという動きとして生まれた。それが日本で初めてブームになったのは、第一次大戦後だとされている。まさにこの時代のことだ。

三浦清宏（みうらきよひろ）著『近代スピリチュアリズム』（講談社）によれば、十九世紀半ばにアメリカでのある事件をきっかけに、霊媒師がはじめて現われ、それがヨーロッパに飛び火したあと、特にイギリスで盛んに研究されるようになったという。それは、産業の発達による実験科学の進歩をはじめ、ダーウィンの進化論や唯物思想の広がりなどによって、心霊現象も当然科学的に解明できるはずだという欲望だ。シャーロック・ホームズの生みの親であるコナン・ドイルが、この心霊主義に深く傾倒したことは、よく知られている。しかしその実態は、科学的な厳密な研究というよりは、科学者を名乗る人々が上流階級のサロンで霊媒師の霊力を人々の目の前で立証する、心霊実験会というイベントの形で広まった。「科学的に実験する」という言葉を使うだけで、あたかも科学的な解明が行なわれるという錯覚だ。「科学」という言葉には、それほどの力があった。そして心霊実験会は、イギリスやフランスでは、まさに上流階級でのブームになり、毎夜のように行なわれたという。それが一般にも広がったのは、やはり第一次大戦後とされる。多くの人が家族や恋人を亡くし、死者との交流を望んだからだ。そのブームが日本にも伝わったわけで、研究するグループや霊媒師を名乗る人々が各地に登場した。小説に登場するような実験会も、決して珍しいことではなかったらしい。

さて、急速な工業化・資本主義化が、都市市民層の生活と意識を変え、大正デモクラシーの気分を盛り上げたことは間違いないが、この時期の日本人は、その裏にもう一つの意識も育てていた。戦争による国家と国民意識の形成と、世界のなかの日本という意識だ。国民として団結し、世界の一等国としてのし上がっていこうという意識である。それは朝鮮や中国を植民地化しようとする政府の政策を支持する、排外的帝国主義の意識でもあった。大正時代の日本人は、この国家主義とデモクラシーの二重の意識を持っていた。それが人々の心にさまざまな二重性となっていたことが指摘される。モダニズムとナショナリズム、デモクラシーと排外的帝国主義、大国意識と欧米への劣等感、西洋文化へのあこがれと内面にしみている東洋文化、健全な批判精神と虚無感等々だ。こうした二重性は、無自覚のうちに心を動揺させる。また、柳田國男が指摘するように、前の時代にあったさまざまなシステムが失われていきつつあることも、人々を動揺させただろう。その動揺が、漠然とした不安となって心を侵食するのではないだろうか。芥川龍之介が自殺したのは一九二七年のことだが、彼が抱いていたという「漠然とした不安」も、こうした流れと無関係ではないように思う。

現代でもIT産業の高度化に追いつくまもなく振り回され、その仕組みを明確に把握できないまま、便利と思い込むような状況はある。科学信奉はうすれたものの、やはり技術の発達をだれも止めることができず、仕事や生活が支配されていることも認識している。そしてそうしたことがいつか破綻するのではないかといった不安を、漠然と抱いているように思う。言い換えれば、明確に認識できないことに支配されている不安ともいえる。近代以降の日本人に、そうした問題はずっとつきまといつづけたのだろう。しかし、大正時代のそれは、日本人にとって初めての体験だった。便利さへの喜びを感じ、その恩恵を受けることを誇らしく思いながら、それらが何かを破壊し、誰かを犠牲にした上に成りたっていることもうっすらと感じる。大正時代は、そうしたことのすべてが初めての体験だった。しかも、ちょんまげを結い、どこに行くにも歩くほかなく、世界について思い描くことさえ罪とされた江戸時代から、たった五十年での体験である。誰もが動揺したと思う。

夏目漱石や平塚らいてうをはじめ、明治から大正にかけての文化人や知識人が、禅やキリスト教に強い関心を寄せたり、神経衰弱になったりしたのは、こうした日本の近代の諸問題の結果のように思う。夏目漱石は、そうした自身の問題もふくめて、近代と日本人の問題をつきつめ、さまざまな形でふれている。例えば、一九一一年八月に、明石で行なった講演「道楽と職業」では、文明開化によってさまざまな専門的な職業が生まれ、それがどんどん細分化していくことを説き、こう述べる。

> 開花の潮流が進めば進むほど、また職業の性質が分れれば分れるほど、我々は片輪な〔ママ〕人間になってしまうという妙な現象が起るのであります。言い換えると自分の商売が次第に専門的に傾いてくる上に、生存競争のために、人一倍の仕事で済んだものが二倍三倍ないし四倍とだんだん速力を早めて逐付(おいつ)かなければならないから、その方だけに時間と根気を費(ついや)しがちであると同時に、お隣りの事や一軒おいたお隣りの事が皆目(かいもく)分らなくなってしまうのであります。〔…〕それを外の言葉でいうと自分一人では迚(とて)も生きていられない人間になりつつあるのである。自分の専門にしていることに掛けては、不具的に〔ママ〕非常に深いかも知れぬが、その代り一般的の事物については、大変に知識が欠乏した妙な変人ばかり出来つつあるという意味です。（『私の個人主義』）

講演というスタイルであるため、漱石一流のちょっと諧謔的な物言いになっている面はあるが、ほとんど現代にもあてはまる鋭い指摘だ。

また同じ時期に和歌山で行なった「現代日本の開化」という講演では、この開化が内発的にではなく外発的に行なわれたとし、次のように語る。

これを前の言葉で表現しますと、今まで内発的に展開して来たのが、急に自己本位の能力を失って外から無理押しに押されて否応なしにそのいう通りにしなければ立ち行かないという有様になったのであります。それが一時ではない。四五十年前に一押し押されたなりじっと持ち応えているなんて楽な刺戟ではない。時々に押され刻々に押されて今日に至ったばかりでなく向後何年の間か、または恐らく永久に今日のごとく押されて行かなければ日本が日本として存在出来ないのだから外発的というより外に仕方がない。〔…〕こういう開化の影響を受ける国民はどこかに空虚の感がなければなりません。またどこかに不満と不安の念を懐かなければなりません。（同前）

この指摘もまた、現代まで見通したものだろう。そして内発のエネルギーのないまま借り物を着つづける、日本人の精神におよぼす影響を端的に指摘している。空虚になり、不安と不満を抱く、と。

そして漱石は、小説『それから』でも、それらの認識を主人公・長井代助に代弁させている。代助は東京帝大を卒業しながら、何も仕事をしようとしない高等遊民である。それを友人である平岡に、「何故働かない」ととがめられる。それに対し、こう答えるのだ。

何故働かないって、そりゃ僕が悪いんじゃない。つまり世の中が悪いのだ。もっと大袈裟に云うと、日本対西洋の関係が駄目だから働かないのだ。〔…〕日本は西洋から借金でもしなければ、到底立ち行かない国だ。それでいて、一等国を以て任じている。そうして、無理にも一等国の仲間入をしようとする。〔…〕牛と競争をする蛙と同じ事で、もう君、腹が裂けるよ。その影響はみんな我々個人の上に反射しているから見給え。〔…〕悉く切り詰めた教育で、そうして目の廻る程こき使われるから、揃って神経衰弱になっちまう。（『それから』）

これは代助の本音ではあるけれど、一種の逃避の弁明だ。彼の高等遊民という生き方は、近代における労働へのアンチテーゼとして提示されているのだが、親のすねをかじりながらのそれは、必ずどこかで破綻することが予見される。この小説では、平岡の妻・三千代との恋愛でその破綻が訪れる。その問題により、父親にも兄にも義絶されるのだ。兄にそう言い渡されると、代助はいきなり、「僕は一寸職業を探して来る」といって外に飛び出していく。具体的な何かではなく、「職業」と言っているところに代助の混乱がある。そして、暑い陽射しに「焦る焦る」とつぶやきながら、電車に乗る。「代助は自分の頭が焼け尽きるまで電車に乗って行こうと決心した。」という文で、この小説は終わるのだ。これは一種の自殺願望ではないか。自殺とまでいかなくても、今までのような高見から周囲を見下ろすような思考を、断ち切らねばならない。しかしそれはできるのかという、極端な焦燥だろう。いずれにせよ、逃げようとしても逃げられないのだ。漱石はこの小説で、近代の矛盾の指摘に終わらず、そこからもはや逃げられないことを描いた。近代に生きる知識人の苦悩を、そういう形で描いたのだと思う。

さて、明治維新以来の日本人は、このように動揺した。知識人だけではない。庶民も同じだ。とりわけ雑誌を読むなどして教養を身につけ始めた青年たちが、その苦悩にみまわれた。その動揺が真っ先に向かった先は、決して労働運動や社会変革運動ではない。もちろんそうした運動に突き進んだ人たちもいたが、大方の人はまず、何か精神的な支えを求めたのではないか。その際、最も身近なものは宗教だろう。だが既存の仏教ではない。それはとっくに心の支えとして機能しなくなっていた。彼らはまずは新しい宗教へ、または既存の宗教が形骸化する以前の、本来の姿に対する深い探求に向かったのではないか。

しかも明治以来さまざまな新興宗教が現れていた。幕末の黒住教、天理教、金光教、如来教、そして明治末からは大本教や、ひとみちなどである。これらの新興宗教は、知識人の指導によらず民衆自身から発生した、日本で初めての宗教運動だった。また、松岡譲の盟友である友松圓諦の真理運動のように、浄土真宗から出発して、宗派を超えた宗教普及運動も現われだし、その浄土真宗の祖、親鸞の人間的側面がブームになる動きがあったのも、その表われだろう。一七年に出版されて熱狂的ブームになった倉田百三の『出家とその弟子』に端を発し、二二年にはなんと一年間に、親鸞に関する十四もの小説と戯曲が、さまざまな雑誌に発表されたのだ。そのなかで、この年に、『人間親鸞』など小説・戯曲を四作品も発表した石丸梧平（いしまるごへい）は、その後小説家をやめて個人雑誌『人生創造』を出し、亡くなるまでの四十五年にわたって発行しつづけたという。そのいきさつを、石丸は次のように述べる。

当時の世相は、経済的にも、社会的にも、極めて暗く、青年達は、我が身一つの置き所もなく悩んでいたので、親鸞を書いたわたしを、何か、偉い宗教家とでも勘違いしたのか、私信を寄せてその苦悩を訴え、解決を望むのであった。
小説を書くどころか私は、そのような私信に返事を書くことに忙殺された。わたしはとうとう小説家たることをやめて「個人雑誌」を出したのである。これは大いに歓迎された。創刊号一万部は忽ち売り切れて、二万部、三万部と上昇して行った。
（『大正宗教小説の流行――その背景と〝いま〟』所収、千葉幸一郎「空前の親鸞ブーム素描」より）

石丸は小説家であることを断念してまで、青年たちの悩みに答えようとしたのだ。当時の悩みと動揺の強さと広さを端的に示している。

同じ時代を生きる人間として、前田利鎌も平塚孝子も同じ空気を吸っていた。そして利鎌は、向上心と競争心をあおり、自然でおおらかな心を奪っていく近代主義を「毒」として認識し、それそのものから遠ざかろうと禅に向かった。そこには、近代日本に対する漱石と同じ分析と認識がある。一方、孝子は少女時代の失恋と意に染まない結婚をとおして、女性の立場の弱さを自覚し、そこからの解放を願ったにちがいない。らいてうが女性の参政権の運動を始めたことも支持し、自宅をその準備会の会場として提供したりもしている。しかし自分自身は、らいてうのように発言し行動する道を選ぶことができない。平塚家を守る責任を感じていたからだ。孝子の動揺は、新しい時代への渇仰と、しかしそれが自分の現実を変えることには遠いというあきらめではないだろうか。大本教への入信は、そうした自身の苦悩から出発したと思われる。しかし、前田利鎌も平塚孝子も決して特殊だったわけではない。多くの人と同じように苦悩するなかで、それぞれがそれぞれの選択をしたのだった。では、孝子がひかれた大本教とはどんな新興宗教だったのか。それを見ていこうと思う。

十　大本教

平塚孝子が大本教に入信していたという証言は、平塚らいてうの自伝『続　元始、女性は太陽であった』の戦後篇第一章「疎開生活と敗戦」に出てくる。

わたくしの姉、孝は、夫の任地の関西に長く住むうちに大本教の熱心な信者となりました。

と書いているのだ。かつてらいてうは、『青鞜』発刊のころ、神戸在住の姉が、「天理教に夢中になっていた」と書いた（『元始、女性は太陽であった』上巻）。この「天理教」が「大本教」の間違いなのか、天理教から大本教に変わったのか、変わったとしたらいつなのかは、わからない。ただ、孝子が大本教に入信していたことは間違いない。

さて、らいてうのこの文章は、彼女が夫の奥村博史と共に、昭和十七年三月、茨城県北相馬郡小文間村字戸田井（現・取手市小文間）に、疎開したことを述べたものだ。疎開は姉・孝子のすすめがあったからで、そのいきさつの冒頭に、孝子が大本教の熱心な信者だと書いている。なぜならその疎開は、孝子が大本教の予言を信じたことによるからだ。文章はこうつづく。

〔孝子は〕開祖出口直刀自のお筆先（予言）をふかく信じ、その教えるところにより、すでに大正の初期のころからやがて日米戦争のおこることをかたく信じていました。いずれそのときは東京も火の雨が降って、焼野が原となるにちがいない。老父母をはじめ家族を戦災から守らねばならないから、その時のそなえだといって、数年前、常磐線の取手駅から、二里ほど利根川べりを下った景勝の地に、ささやかな別荘を、夫にも話さず——話したところで、そんな夢のようなことはまともにとりあげてくれないでしょうから——自分のへそくりで建て、大事にそなえて、食料を貯蔵していたのでした。

つまり、日米戦争が起こり、東京が焼け野原となることを、大正の初めのころから信じていた孝子は、昭和十一、二年ごろに別荘をつくり、母と共に早くから疎開して、らいてう夫妻にも早く来るようにと勧めていたのだという。らいてうは当初は予言に半信半疑だった。だが、実際に日米戦争は始まった。東京ではらちもない竹槍訓練などにかり出される日々に嫌気がさしていた。そうしたことから、らいてうも疎開を決意した。この文章は、その疎開生活のあれこれを書いたものだが、その冒頭を孝子と大本教の予言で始めたのだ。

さて、日米開戦を予言し、壊滅的な本土空襲を予言し、それによって東京は焼け野原になることを予言していた大本教。それはどんな宗教なのか。調べていくと、大正から昭和にかけて、この宗教は一大ブームになり、昭和初期には十万から二十万人の信者がいたとされている。孝子が特異な存在だったわけではない。京都府の綾部から起こった大本教は、他の新興宗教にはみられない革新的な信仰内容と時流に合わせた宣伝活動で、農民や庶民はもちろん、軍人、学者、文化人、学生から貴族、皇室関係者、さらには心霊主義者や右翼にまで、信者や支持者を幅広く広げていったのだ。

実はらいてうも大本教にひかれていたという証言もある。井出文子は、「らいてうは表だってはいわないまでも、この宗団にひかれ、かなり思想上の同一性を持ち続けてきたと考えてもいい」（『平塚らいてう』）と述べている。ひかれただけでなく、関わってもいたらしい。「〔らいてうの〕この宗団へのかかわりは一九二六〔大正十五〕年ごろから逓信省の役人である夫の任地の関西にいた姉孝が、熱心な大本教信者だったことから始まっている」という。らいてうは、姉の影響によって大本教に関わったのだろうか。少女時代から『青鞜』発刊までのらいてうの足跡をみれば、彼女が人の意見に左右されたということはありえない。常に自分で自分の道を選ぶ人である。らいてうは、姉によって紹介された大本教に、「思想上の同一性」を認めて関わったのだ。今に残されている大本教関係の膨大な資料を読むと、芥川龍之介、小山内薫、倉田百三等々、関心を寄せた文化人の名前がらいてう以外にもたくさん出てくる。また、松岡譲のように邪教として反対する人も大勢いたのである。

大本教は、多くの信者を集めただけでなく、知識人や文化人も関心をはらうほどの一種の社会現象であったらしい。大正から昭和にかけてさまざまに世間をにぎわせたようだ。そして、それゆえに弾圧された。弾圧は大正十年と昭和十年の二度にわたって行なわれ、特に後者の第二次大本事件は、当局が「地上から抹殺する」と公言するほど苛烈だったという。どうやら大本教をみていくことは、孝子の心を覗くだけに終わらないようだ。調べていくと大本教の歴史は、明治から昭和にかけての政治・経済・社会史と密接に絡み合っている。つまり日本の近代の諸現象と絡んだがゆえに、ブームとなり社会現象になったのだ。

大本教は、京都府の山間部、綾部の極貧の寡婦・出口なおが、一八九二（明治二十五）年二月に、突然神がかりしたことに始まるとされる。幕末に如来教をひらいた尾張・熱田在住の農婦・きのも、同じく幕末の天理教の開祖・中山みきも、新興宗教の教祖はみな、神がかりから始まっている。貧困と過重な労働などで心身が限界を超えつづけたときに、一種のヒステリー状態に陥ってある啓示を語り出す。その啓示が、救いを求める人々を引きつけていく。

大本教の開祖・出口なおは、父親の放蕩と死で十歳から働き、結婚後はさらに上回る夫の放蕩と子供たちの相次ぐ病気などを抱えながら働きつづけ、極貧の暮らしを支えた。神がかりとなったのは五十七歳のときだが、当時も二月という最も寒いさなかに、膝の出るようなボロボロの単衣一枚しか持たなかったという。その五十年の間に、どれほどのつらさと悲しさ、悔しさ、怒りを胸にためこんだことだろう。旧正月元旦の夜、なおに艮(うしとら)の金神(こんじん)が体内に入り、ほとばしるようにお告げが口から出てくる。叫びつづけ、それを書けと腹のなかの神が命じた。ほとんど無学文盲だったなおは、「みろ九ぼさつ（弥勒菩薩）」「あ九（悪）は　な五う（長ごう）は　つづかんぞよ」というように、数字交じりの平仮名で自動筆記的にそのお告げを書いていった。「お筆先」である。それは彼女が大正七年に亡くなるまでつづいた。その膨大な筆先は、日清・日露や日米戦争の予言なども含まれるが、最初の筆先とされる次の内容が、大本教の基本理念とされる。

いまは強いものがちの、悪魔ばかりの世であるぞよ。世界は獣の世になりておるぞよ。[…]これでは世はたちてはゆかんから、神が表にあらわれて、三千世界の立替へ立直しをいたすぞよ。

つまり現在を悪の神が支配する世界とみなし、艮の金神によって、新しい世界を作りだすという信念だ。「艮の金神」とは普通は、不吉なたたり神とされている。鬼門である。だがなおは、そのたたり神を世界の根本の神とした。本来は善の神であり、それが悪の神たちによって押し込められたため、悪の世になったという論理だ。そして、その状態は今や限界まで来ており、艮の金神が再び世界を支配する時が迫っているというのが、大本教の根本的な信念である。安丸良夫（やすまるよしお）は、以上を「これが筆先のもっとも基本的な論旨である」とし、「その神が艮の金神という不吉なたたり神であり、沓島という荒涼と孤絶した小島におしこめられていた神だとされたところに、生活者としてのなお自身の不幸と孤絶のふかさがかたられている」としている（『安丸良夫集3「宗教とコスモロジー」』）。最低層の場で生きつづけたなおが、その果てに、抑圧してきた願望を神がかりとして発現させたということだろう。しかも、なおの個人的な知見や体験を超えてさまざまな予言をしていくところに、「神がかり」というものの凄みがある。

現在を否定して「立替え立直し」を主張し、綾部の農民を中心に少しずつ信者が集まりつつあった小さな教団を大きく発展させたのが、なおの娘婿・出口王仁三郎であることは周知の事実だ。教義を体系化し、「立替え」を力説するだけでなく、「立直し」の具体的未来像を示して、さまざまな運動を組織した。その王仁三郎もまた、亀岡盆地の穴太の貧農の生まれである。もとの名前は上田喜三郎。なおの五女・すみと結婚し、出口王仁三郎と改名した。この王仁三郎という名前もなおの筆先による。彼は十二歳で代用教員に取り立てられるほど利発だったが、血気も盛んで大人の教師と衝突し、一年後には辞職。富農の下働きとなる。そのころにこんな詩がある。

僕の人生はどこにある
小作の家のせがれぞと　地主富者にさげすまれ
父の名なども呼び捨てに　されてもかへす言葉なし
待て待てしばし待てしばし
僕にも一つの魂がある」（山城三郎「教祖・出口王仁三郎」より）

才能がありながら、生まれた場によって希望が見いだせない。からだいっぱいに屈託を抱えた、十代の少年の叫びである。だが、きっかけを捉えてはさまざまなことを貪欲に学び、二十五歳のころは学んだ畜産学を生かして牧畜と搾乳販売業をしていた。しかし、父の死をきっかけに放蕩の世界に飛び込む。「明治の幡随院長兵衛」を気取って派手なけんかを繰り返し、ついに半死半生の目にあう。その高熱と夢うつつの内に、家から二キロほどの高熊山（たかくまやま）に登り、一週間断食修行をしたことから霊的世界と神に開眼したとされている。なおと同様、心身の限界を超えたのだ。そして王仁三郎は、その霊的体験を基盤に、さらに神学や神霊学を学び研究し、鎮魂帰神の法（人為的に神がかりになる手法）を身につけるなどの修行を重ねていく。あくまでも神と信仰の追求だったが、頼まれれば心霊療法などが簡単にできるほどの力をつけていたという。また、講演会を開き、「腐敗堕落した社会を洗濯し、惟神（かんながら）の特性を宇内（うだい）に宣揚せねばならない」と話していた。

なおと王仁三郎が神がかりになって得た目的は似ていた。いや、ほとんどの新興宗教は、現実社会を否定し、新しい理想の社会を創造しようというところから出発するのである。しかし、やはり大半の新興宗教は、現実社会の否定には突き進まず、病を治すなどの現世利益や個人的救済にむかっていく。だが、なおと王仁三郎の大本教は、そうした現世利益に縮小することを嫌った。魂を鎮め、神との交信を追求する「鎮魂帰神」の修行をとおして、大本教の「立替え立直し」の教えを深く理解することを求めた。あくまでも社会変革を求めることを追求しつづけたことが、変革を求める大正デモクラシーの時代に、革新的宗教として受け入れられたのであり、だからこそ、厳しい弾圧をまねくことにもなったのだ。

二人が初めて出会ったのは、一八九八（明治三十一）年十月。なお六十三歳、王仁三郎は二十七歳。この出会いには互いに神の啓示があったとされ、一旦別れたものの翌年七月に再会。一年後になおは、古い信者をおしのけて、王仁三郎を五女すみと結婚させた。宗教家としての実力を見抜いたからだ。筆先では、なおを「変性（へんじょう）男子」、王仁三郎を「変性女子」とした。激しく戦闘的な女体の男神と、柔らかく包容力のある男体の女神である。見た目からも、陰と陽、剛と柔と二人はまったく対象的で、時には考え方の違いもあり、激しく衝突することもあったが、共に同じ目的で突き進むにはいいコンビだった。

その後の大本教の発展ぶりを、王仁三郎の活動を中心に見ていこう。

王仁三郎はまず、教団の確立と合法化に向かって研鑽を重ね、一九〇八（明治四十一）年、「大日本修斎会」を発足させる。創立要旨を発表し、会則を定め、筆先を整理して経典をつくり、祭式、祭典の諸法を定めと、教団としての形を整えた。そして教育機関を設けて講師を養成し、各地に布教活動に送り出す。それだけではない。月刊の機関誌を発行し、文書による布教活動を始めたのだ。この徹底的な文書活動は日本の教団としてはおそらく初めてのことであり、それこそが大本教を発展させた一つのキーポイントになっている。

王仁三郎は実に言論の人であった。後の八十一巻にのぼる膨大な『霊界物語』をはじめ、おびただしい著作を残しているが、それは修斎会を発足させる数年前から始まっている。なおの筆先の解説書を次々と出版したのだ。それらはなおを取り巻く古い信者から反発され、燃やされたりもしたらしい。筆先では当初、すべての外来のモノを否定する主張があり、漢字を使うことも認めなかったという。ましてや、印刷などの技術に頼るなどとんでもない。古くからの幹部は、そうした王仁三郎の動きを糾弾し、対立した。だが王仁三郎は、教団の教義や主張を文書化し、積極的に社会に乗り出し開示して、広めていくという考え方をつらぬいた。しかも彼自身の著作は、教義そのものを述べるだけでなく、評論、小説、随筆、戯曲、短歌、論説とあらゆる種類の表現形式で展開。あらゆるスタイルで大本教の教義と趣旨を広めようとしたのだ。後には映画やレコードも作っている。彼自身のこの筆力と才能だけではない。大正期に入ると、教団内に印刷所をつくり、機関紙や雑誌、本などを効率的に出していく。つまり王仁三郎は、近代的な宣伝活動の本質をつかんでいた。少しあとになるが、一九二〇年には、大阪の一般紙『大正日日新聞』も買収して、四十八万部の日刊紙も発行している。当時としてはだれも想定しない、規格外のマスコミ戦略である。

こうして第一次大本教ブームが起こる。その原因の一つがこの活発な言論活動だったことは間違いない。それらが都市知識層の共感と理解を得る内容だったからであり、また、彼らの参入によって、文書宣伝活動がさらに活発化するという相乗効果を生んでいった。そして原因のもう一つは、大本教の「立替え立直し」が、社会変革や「世直し」を求める当時の社会的要求と重なったからだ。

先に述べたように、日本の急速な近代化と資本主義化は、さまざまな矛盾を内包し、不満や不安を蓄積させていった。そしてそれが労働者の権利意識や労働運動へと向かうことが少なかっただけに、不満と不安はくすぶりつづける。そうした思いは漠然とした世直しの要求になっていくのではないだろうか。そこにさまざまな新興宗教が入り込む。大本教の「立替え立直し」論が浸透する基盤もそこにあった。しかも王仁三郎は、こうした不安や不満の高まりにあわせたように、時機到来説を展開する。「大正維新説」である。「立替え立直し」の時期が迫っている。変革の時期が、大正という今なのだという主張だ。この「今が変革のとき」というメッセージが、米騒動などで切迫した不安や危機感を抱く人々に、幅広く受け入れられることになる。

それに先だって、一九一四（大正五）年に大本教は、大日本修斎会を「皇道大本」と改名し、立替え立直しを行なったのちの望むべき未来像を打ち上げていた。天皇を世界の元首とする、理想的な世界の大統一国家建設の提唱である。「みろく世」の具体的内容を、日本の神話と合体させて整理したのだ。それは一見国家神道や大東亜共栄圏の思想と重なるように見える。しかし、もちろんそこに収まらない。神は天照大神ではなく艮の金神なのであり、世界の平和をかかげて戦争を否定し、金銀本位制の資本主義をも否定している。さらに、理想的な世界の大統一国家である「みろく世」では、元首である天皇は、神から与えられた使命として「神政」を行なう義務があるとする。明治維新は天皇の王政復古を成し遂げたが、それを「神政」に変革し、高めなければならないという理念を内包していた。こうした「収まらない」理念を内包しながら、権力と正面から対決するのではなく、一見、国家神道の枠内と見えたことも、民衆宗教として広がる要素だった。戦争を否定し、金銀本位制の資本主義をも否定するという過激な内容も、「天皇を世界の元首とする」という言葉でオブラートにくるまれ、甘く受け入れられやすいものになっていた。すでに天皇制国家の宗教的、思想的理念は確立し、すみずみまで浸透していたからだ。

こうして大本教は、農民、庶民はもちろん、知識人、学生、そして皇室関係者や貴族の間にまで急速に広がっていった。そうした都市市民層の先鞭をつけたのが海軍将校たちである。初めに入信したのは、海軍予備中佐の飯盛正芳（いいもりまさよし）と福中鉄三郎（ふくなかてつさぶろう）で、二人は教団の教育機関の校長と顧問となり、教団内部の教育手法の研鑽と整備に努め、宣伝要員を養成した。それだけでなく、軍艦香取（かとり）の乗組員に講演するなど、自ら宣伝の先頭にも立った。その結果、海軍将校たちが続々と綾部を訪れるようになる。日露戦争で活躍した秋山真之（あきやまさねゆき）少将もいち早く綾部を訪れたという。さらに、海軍機関学校の英語教官で、シェイクスピアを翻訳するなど英文学者としても知られた浅野和三郎が、妻と共に入信して綾部に移住する。和三郎の兄の浅野正恭（あさのまさやす）海軍中将も入信した。和三郎はさっそく機関紙・誌の主筆・編集長になり、後には『大正日日新聞』の社長となって、教団幹部として言論活動の活発な担い手になっていく。

この浅野の後任として海軍機関学校の英語教官についたのが、芥川龍之介だ。その縁で芥川も大本教の経典や関係書籍を読んでいたとされる。倉田百三も何度か綾部を訪れ、後には機関誌に文章を寄稿している。こうした文化人や知識人の関与は、宣伝活動の幅を広げた。明治以来新劇運動をつづけ、のちに築地小劇場を開く小山内薫は、大本教の記録映画『丹波の綾部』を製作、明治座で公開した。その後、教団では青年部に映画製作部門をもうけ、王仁三郎自身も脚本・監督・主演作品をつくっている。祝詞（のりと）や音楽などの九枚のレコードも製作した。こうした新しいメディアは、農村などでの宣伝に多いに力を発揮した。

また、皇室関係者や貴族にも大本教の信者や支持者がいたことは前にも述べたが、明治天皇の皇后の姪にあたる鶴殿（つるどの）ちか子は、大正六、七年ごろに入信し、熱心な信者として宣伝活動にも参加していた。その鶴殿と親しかったのが、大正天皇の皇后の姪にあたる歌人の柳原白蓮だ。その関係で白蓮は、いわゆる「白蓮事件」のおり、大本教の綾部の施設に身を隠したこともあった。

「白蓮事件」とは、利鎌の下の姉・槌と宮崎滔天夫妻の長男・宮崎龍介と、筑豊の炭鉱王・伊藤伝右衛門に嫁いでいた歌人・柳原白蓮との恋愛事件である。小説のなかでもそのことにふれ、卓を思わせる姉が辛辣な批判をしていることは前にも述べた。利鎌の身辺には、孝子だけでなく、大本教とのつながりがあるのだ。

さらに、明治製糖重役の高木鉄男、三井物産専務理事・岩田久太郎、台湾銀行大阪支店長・小林諦四郎、満鉄重役・谷村正友ら財界人も入信。そして、内田良平や頭山満ら右翼も急速に接近してきた。とりまく人脈のこの多様さ華やかさもまた、この教団の特徴だった。

いずれにしろ、一九一七、八年から二一年ごろが第一次大本教ブームで、孝子が入信したのもこのころだろうと思う。らいてうの記述にまちがいがないとすれば、『青鞜』が創刊されたころは天理教に入信しており、その後こうしたブームのなかで大本教に近づいたのではないか。関西在住であれば、そうした華やかな動きが耳目に触れただろうし、教団の出している書籍や雑誌、機関誌を読む機会も多かったにちがいない。また、心霊主義者も大本教に共感したように、神と霊的な世界と強くつながる「鎮魂帰神」の法をもつことも、霊感の強い孝子の心に親和したのではないか。

さて、このブームに拍車をかけたのが、浅野を中心にした「大正十年立替え説」だった。王仁三郎の「大正維新説」を、さらに明快に大正十年と区切ったのだ。その年に大きな変化が来るという予言である。それは、なおの大正七年の和歌「三千年の世の立替えも迫りけり後の三年の心ゆるすな」から引き出した論だという。米騒動の不安な世情のなかでこの論は、危機意識と終末観をいっそうあおったことは間違いない。

こうした状況が第一次大本事件を引き起こす。まず、当局にとって「立替え立直し」論は、一種のクーデター教唆に映った。武器を準備し、内乱を起こそうとしていると受け取ったのだ。さらに、他の宗教からの反発や、各地の学生たちの間での活発な普及活動が学校の内外でさまざまなトラブルを引き起こすなど、大本教をめぐる騒然とした空気が広がっていた。さらに、『大正日日新聞』の買収・発行が他のマスコミの反発をまねいた。『大正日日新聞』は、反政府的論調のため『朝日新聞』を解雇された編集長の鳥居素川や、大山郁夫ら編集幹部が、大正八年に起こした新聞である。しかし経営は困難で一年足らずで行きづまり、休刊していた。そこに目を付けたのが王仁三郎で、その陣容をそのまま吸収して大本教の傘下に収めたのだ。当然、政権との対立姿勢が明らかになる。

とりわけ社長の浅野は、「大正十年説」の主唱者である。新聞では、その趣旨を一般読者にわかりやすく伝えることを一番の狙いにした。それは現状を批判し、反政府、反マスコミの旗を高く掲げることでもあった。「再刊の辞」で浅野は、現代の新聞が「一政党若しくは資本家の機関又は奴隷」になっており、しかも読者本位ではなく「営業本位」になっているなどと、鋭く批判。『大正日日新聞』の目的を「(一)本紙は一政党一宗派の機関にあらず、専ら天地の大道に基づきて世界人類の指導に任ず。(二)本紙は資本家にこびず俗衆に阿らず、又権勢に諂はず、真に社会の木鐸として普通新聞の模範たることを期す」(『巨人 出口王仁三郎』)等とうたいあげた。宗教の宣伝紙というよりは、まるで革命機関誌のような論調だ。これに対して、朝日・毎日などの新聞や雑誌は、一斉に反大本「邪教」キャンペーンを張っていく。言論界でもさまざまな反大本の論陣が繰り広げられた。

こうして一九二一（大正十）年二月十二日、京都府警は不敬罪と新聞紙条例違反で、王仁三郎や浅野ら幹部を逮捕する。早朝、二百名の警官が本部を急襲し、神殿やなおの陵墓を破壊した。一番の目的は、秘匿しているはずの武器弾薬を暴くことで、徹底的に捜索したが、何も出てこなかった。証拠を固めずに逮捕し、裁判をまたずに施設を破壊した。軍人や公務員などが退職に追い込まれるなど、信者たちもさまざまに迫害された。だが、証拠がないため、四ヶ月後の六月には王仁三郎は保釈される。一審は有罪になったが、一九二五年の大審院では事実誤認として原判決破棄。そして大正天皇の崩御によって、免訴となった。しかし、警察による物々しい検挙と、その後の「邪教」キャンペーンが人々の心に残った。また、十年に立替えがなかったことから、離れていく信者も出てきた。主唱者の浅野自身も教団を去った。浅野はその後、心霊主義を追求し、日本でのその第一人者になっていく。

しかし大半の信者は動揺しなかったという。『大本史料集成』IIに、王仁三郎の秘書として入り込み、内偵活動をしていた京都府警警部・高芝羆（たかしばひぐま）の報告書「高芝羆文書」がある。そのなかの、「幹部検挙に伴う信徒の動静」という記録によれば、彼らは、「こうした事態は大正七年の筆先で予期されていたことであり、別に驚くことではない」、と異口同音に語ったという。「新宗教は古来から迫害されてきた。日蓮の法難、キリストの磔刑も皆同じだ」、と。大本教の信者がそのような見識を持っていたことも、記憶されていい。

さて、この弾圧事件をきっかけに、王仁三郎は教団の改革に着手していく。組織などの現実世界の改革ではなく、信仰内容の改革である。大正十年立替え説のように、幹部たちからさまざまな言説が勝手に飛び出すことを戒めるため、新しい経典として『霊界物語』の刊行を始めたのだ。保釈後の一九二一（大正十）年十月から執筆を開始し、その年末までに、四巻を刊行するなど猛烈なスピードで出されていった。口述筆記だが、よどみなく語り、漢字の修正以外は手を入れることなく、一九三四（昭和九）年までに全八十一巻、百字詰め原稿用紙十万枚という膨大な経典を作り上げた。それは、過去・現在・未来にわたる霊界の物語として展開しながら、筆先の正しい解釈を示し、なぜ「立替え立直し」なのかという大本教の本義を整理し、体系づける内容だった。

そのなかで神と人間の関係は次のように規定された。簡単にいえば、人の精霊はすべて神の分霊として平等であり、神の理想を地上に実現する役割を与えられているという論だ。「人間は神意を実行する機関だ」と明快に述べている。したがって、立替えを天変地異や終末ととらえて待つのではなく、人間の努力によって立て直すと主張する。信者の積極性を引き出す巧みな論といっていいだろう。

さらに王仁三郎は、その神の理想を世界にひろげるために行動する。日本主義ではなく世界主義という「人類愛善」と、世界の各宗教との提携を主張する「万教同根」を唱え、人類愛善会と世界宗教連合会を組織して、その実践に乗り出していくのだ。世界各地のさまざまな宗教と手を取り合って平和をめざすというこの運動もまた、さわやかな理想主義として当時の人々の心に響いたのではないか。しかも語るだけでなく、中国やヨーロッパなど世界各地に飛び出し、夢物語を具体化する行動をとった。台湾では布教活動をいち早く進めていたし、各国の宗教との提携を模索していく。近代に入ってから、日本だけでなく世界各地で新興宗教が起こっていた。従来の宗教への不満から新しい宗教への渇望は、世界に共通のことであった。大本教はそれらとの提携を実際に始めていく。それには相手側からの働きかけもあった。中国には道教系の紅卍字会(こうまんじかい)があり、イランから起こったハバイ教はアメリカなどに広まっていた。この二つの教団が、一九二三年に相次いで綾部を訪れてきたという。世界の平和を目指して宗教家が手をむすぼうという思いは、第一次世界大戦を経ての共通の機運だったのだろう。

実は王仁三郎には、その世界主義運動を自ら実践しようとした、破天荒なエピソードもある。一九二四(大正十三)年、保釈中の身でありながら、ひそかに中国に渡り、紅卍字会のメンバーと共に、満州や蒙古で宣伝活動を行っているのだ。初めは満州軍閥・張作霖(ちょうさくりん)の協力を得て行なわれたが、次第に支持勢力が増えたことに危機感を抱いた張作霖によって逮捕され、あわや銃殺というところを日本領事館によって救出されたという。

こうした世界各地へと大本教を広める行動の推進力になったのは、エスペラント語とローマ字の積極的採用だった。教団内で講習会を開き、王仁三郎も率先して学んだ。一九二五年には、ジュネーブで開かれた「第十七回万国エスペラント大会」に西村月光(にしむらげっこう)を派遣する。前年の大会にも教団名でメッセージをおくり、大本教の名前は知られていた。西村は副議長に指名され、大本教の特別講座も開いた。その後西村は、パリで開かれた「第二十四回万国平和会議」にも出席。フランス語で書いたパンフレット一千部を携えて参加した。こうした活動から、ヨーロッパ各国に大本教の名が広まり、共鳴者も増えていった。西村は引きつづきパリにとどまり、人類愛善会欧州本部を設立して、エスペラント語による『国際大本　Oomoto Internacia』五千部を発行していく。遠く南米ブラジルの購読者もいたという。さらにヨーロッパ各国で講演会を行なうなど、活発な活動をつづけた。このエスペラント語の取り組みも、教団の新しさやユニークさを印象づけた。

だが、これらの活動が、再び当局の注目を集める。一九二三年に関東大震災が起こり、九万人強の死者が出た。不況は慢性化し、農村の危機的状況がつづいた。そしてアメリカの金融恐慌から始まった世界恐慌に連動して、昭和恐慌が起こっていく。そのなかで、軍部の動きが活発化し、一九三一年の満州事変へと突き進む。また、一九二五年に成立した治安維持法によって、共産党や労働運動などへの弾圧も激化していった。

そして第二次大本事件が起こる。大本教が、農村の救済運動を展開したり、その運動に右翼や一部の軍人が関わったことも、黙視しがたいものだったのだろう。一九三五年十二月八日、不敬罪や治安維持法違反などで、王仁三郎、すみ以下一千名を超える幹部が逮捕された。「地上から抹殺する」と公言して行われた捜査と取り調べは苛烈を極めた。捜査というよりは、施設の徹底的破壊であり、その土地や財産も略奪したり勝手に売り払ったこともあったという。獄中の取り調べは拷問だった。その結果、自殺、獄死、病死、発狂、発病する者が相次いだ。王仁三郎とすみの長女・直日(なおひ)の夫・日出麿(ひでまろ)も、精神を病んだ。日出麿は京大生時代にエスペラント語を教団に導入した人であり、王仁三郎の後継者として周囲が認めた実力者だった。次世代を担うホープであったことが、人一倍苛烈な取り調べとなったのだ。

そして事件は、第一次大本事件と同じように、第一審で有罪、控訴院で破棄、終戦によって免訴となった。控訴院裁判長が「大本の教は宇宙観、神観、人生観、社会観にたいし、理路整然たる教義である」と言い渡したとされる。

結局はでっち上げだった。実際に殺人を行ない、武器も準備していたことを、逮捕された幹部たちが認めたオウム真理教事件とはちがったのである。

釈放後王仁三郎は、弾圧によって戦争に協力しなかったことを喜び、訪れる信者に反戦平和と人類愛を説いてやまなかったという。損害賠償も求めなかった。国民の税金を使うことを潔しとしなかったからだ。そして、一九四六年には愛善苑の名で大本教を再建したが、しだいに運営の中心から離れ、陶芸や絵画などの創作に打ち込んで、一九四八年一月十九日に亡くなった。教団は彼の意志を受け継ぎ、一九四九年には世界連邦運動に参加するなど、再び平和主義を教団の柱にすえて活動をつづけた。

こうした弾圧のなかで一般信者は、第一次事件のときと同じく、九割の信者が揺るがなかったとされる。それは日本の思想弾圧史上、類をみない高率だったと多くの人が指摘している。孝子もその一人だった。弾圧のさなか、予言を信じて別荘地を探し、疎開の準備を着々と進めていたのだ。孝子の娘たちも入信していた。長女・美沙子(みさこ)は、ヨーロッパで活動していた西村月光のもとで『国際大本　Oomoto Internacia』の編集・発行にたずさわった小高英雄(こだかひでお)の妻だ。二人がいつ結婚したかはわからないが、小高の足跡は、『エスペラント運動人名辞典』などによって、わずかにたどることができる。彼は一九〇四（明治三十七）年生まれで、十六歳のときに入信。

エスペラント語とローマ字を教団内でいち早く習得し、両方の講習会で指導するようになったというから語学の才能があったのだろう。パリに滞在したのは、二十四歳から二十六歳のことである。帰国後は、エスペランチストで教団の海外宣伝部員でもあるジョーゼフ・マヨールが、日本各地で行なった講演旅行に同行するなどの活動をしていた。しかし、第二次大本事件後に教団を離れ、NHKに入ったという。一方、美沙子は事件後も教団にとどまり、戦後は婦人部長として活動したと、らいてう関係の記録にある。

この美沙子から、らいてうは戦後の一時期エスペラント語を学んだという。らいてうと大本教との関わりはどのようなものだったのか。

らいてうは若い頃から、宗教や哲学など精神世界に強い関心を抱いていた。日本女子大に入学したころから、宗教や哲学、倫理などの本を乱読。キリスト教の教会に通ったりした。特に打ち込むようになったのが禅である。円覚寺初代管長・今北洪川の『禅海一瀾』を読んで、ただ観念を追うのではなく、自分の内面に深く降りなければならないと自覚。日暮里の両忘庵の釈宗活老師のもとに通うようになる。毎朝、大学に行く前の五時から六時まで参禅したという熱心さだ。それによって頭痛を忘れ、からだが軽くなって疲れを知らない状態にもなった。一九〇九（明治四十二）年の十二月には、西宮の海清寺で開かれた八日間徹夜で座禅する「臘八接心」という修行に参加。二十人中ただ一人の修得者として南天棒老師から「全明」という大姉号を送られたという。

「本当の自由人になりたい、宇宙の心に生き抜く神人になりたい」（『元始、女性は太陽であった』上巻）と、修行を続けていた。この思いは利鎌と重なる。『青鞜』発刊後は言論人としての活動が中心になり、直接修行を行なうことはなくなっていったが、執筆前など心を落ち着かせるときは、ひとり座禅を組むということが生涯の習慣になっていたらしい。井出文子は『平塚らいてう』（新潮選書）のなかで、二十代前半のこうした禅への傾斜が思想の基本になっていると見ている。「らいてうの思想の根本には禅から出発した独特な宗教観、哲学間、人生観があるのは確かであって」と。

　そして井出は、そのような考え方から、らいてうは大本教にもかなりの関心を寄せていたと見るのだ。それはらいてうが、禅をとおして「肉体と霊との二つの世界を知り、その霊の世界への接触（チャンネル）は理論ではなく、心身を統一した祈りの姿勢によってつながることが出来ると言うことも知っていたからだ」とする。つまり、禅を修行したことにより、大本教の教義もスムーズに理解できたということだろう。さらに井出は、らいてうとなおの共通性も指摘する。「なおの神憑は、彼女の内奥の自己の爆発的な表出であった、という点でらいてうの元始、女性は太陽であったと一脈相通じるものがある」と書いている。『青鞜』のあの宣言文は、らいてうの内奥の爆発であったと井出はいうのだ。

　共通性はさておき、らいてうが大本教が発行する『人類愛善新聞』にのせたエッセイを見ると、確かに大本教への深い理解を示しているようだ。それは一九三二（昭和七）年の八月上旬号に掲載された。

大本運動のなんたるかを理解するにつれて、神諭〔なおの筆先を王仁三郎がまとめたもの〕や霊界物語を読ませていただいてひたひたと胸に寄せるもののある事を否定はできません。神はくどう〔ママ、くどくの意〕気を附ける、というお言葉のそれのように随分予言警告というものが繰り返し説かれているように思われました。今の社会はあまりにも現実主義で理想主義的な所が稀薄しているようですが、世の中がイリウジョンを求めて之れなくしては到底精神的な存立意義が立たないような時代が後ろに迫ってきているのではないかと思わされるのです。何か大きな変動、宇宙的な改革が我々の世界に迫りつつあるという事が神諭や霊界物語を通じて悟らされます。私はスエーデンボルグの『天国と地獄』いう書物を読みまして、此北欧の神秘思想家が出口王仁三郎氏の書かれた霊界物語と符節を合する物多々あるを発見して驚かされました。それの天界篇を読みますと霊界物語中にある天地相応の理というような事がやはり説かれているではありませんか。東西の神秘思想家が同じ天界を同様の眼で見ている点など、甚だ面白い事と思われます。と同時に出口聖師のあのつかみ所なき大きな人格に私共と同様に世人ももっと信頼を置いてよいのではないかと考える次第で御座います。（談）

らいてうは王仁三郎の書いた『神諭』や『霊界物語』を読んでいた。そしてそれらで語られる教義の理想を深く理解し、彼らが主張する大きな変動が迫っていることも感じていたようだ。王仁三郎を「あのつかみ所なき大きな人格」と述べているから、彼に会ってもいるのではないか。井出は、王仁三郎の三女・八重野から、らいてうが「戦前の（昭和期とおもう）ある時期大本教本部のあった綾部を訪れている」という証言を聞き出している。このエッセイが掲載された三年後に大弾圧が始まった。大正時代からの「邪教」キャンペーンも、らいてうは見ていたはずだ。それでもなお、「世人ももっと信頼を置いてよいのではなか」と、ひかえめに主張している。ともあれ、疎開を経て敗戦にいたる経過のなかで、らいてうは大本教を再認識したのだろう。戦後、弾圧から立ち直ろうとする教団が、いち早く取り組んだ「世界連邦建設同盟」に、尾崎行雄、賀川豊彦らと共に参加し、理事に加わっているのである。

　では、らいてうと同じように禅を学んだ利鎌は、大本教に対してどのように考えていたのだろう。愛する女性が信じている宗教に、らいてうと同じような共感を感じていたのだろうか。実は利鎌は、大本教について一切発言していない。『宗教的人間』のなかには、大本教に関する論文は一つもないし、何かとの比較やたとえ話としても大本教という名前は出てこない。あえてあげるとすれば、『宗教的人間』ではなく、小説『素顔』のなかに二カ所だけその名前が出てくる。例の心霊実験会でのなかでのことと、利鎌を訪ねてきたその主催者の印象を、友人・徳永が語る言葉だ。実験会では、霊能者が「オモト・オモト」と言い、それを参加者が「大本？　大本教ですか」と問うという場面だ。しかし霊能者が言ったのは植物の「万年青（おもと）」のことで、今しがた鉢から抜いたばかりといった万年青がテーブルの上にどさりと落ちてきて、霊媒者が「物体引き寄せ」をしたということになる。そして徳永の言葉は、史朗を訪ねてきた心霊実験会での司会者の風貌を、「大本教まがいの詩人くずれ」と評したセリフだ。つまりどちらの話題でも、大本教自体の話はかすりもしない。ただ、大本教が当時の人々にとって、すぐさま思い浮かぶ身近な名前であったことを示すだけだ。

小説のなかで、ヒロイン塚本夫人が信じているとされるのは、「貴布彌(きふね)の神様」という名称でよばれる。史朗が二人の出会いを回想する第五回にその名前が出てくる。二人が初めてキスしたあと、夫人が「毎日々々祈りながら待っていました。とうとうその日が与えられました。神様はやっぱり御親切でした」と喜びを語ったのに対し、史朗が「その神様の名は?」と聞いたことに、そう答えるのだ。つづく地の文で「原始的な神の名をささやいた。」と書いているから、京都の貴船神社などに祀られている神を想像させる。しかし、大本教と貴船神社の関係性は見当たらない。

また、この回想の少し前に、房州で出会った最初のころ、二人が塚本夫人が信じる神様について問答するシーンがある。少し長くなるが引用しよう。

「貴女は神を信じますか」

「ええ、信じて居ります。しかしその神様はたぶん貴方のお考えになってやう(ママ)な神様じゃなくって、特に私の祈りをきいて下さる神様なんです」

「すると大慈大悲の神様ではなく、つまり貴方の捧げる犠牲(いけにえ)によって始めて貴方の祈りを嘉納する神様ですね。謂わば貴方の苦痛によって満足なさる残忍な神様なんでしょう」

前波がぶっきら棒に切り込むのを、彼女はやや畏怖の面持ちで頷いた。

「貴女はその神様には安住することが出来ますか」

「さあ安住は出来なくとも、只一つの私の祈りを聞いて下さいます」

「というと、その祈りとは?」

「…………」

彼女はうつむいてそれには答えなかったが、やがて小さい溜息と一緒に、

「ともかく私のその神様は厳然としていらっしゃいます。私はただそれに忍従するばかりなんですの」

と辛うじて言った。

「その神様のために貴女の生活は明るいですか」

「もともと私の生活は、生まれてからこの方陰惨なものでした。明るくないのは今に始まったことではないのよ」

彼女の声は半涙で遮られたようであった。

「それは又どうしてです?」

「…………」

「そんな神様に何故反逆しないのです」

「貴女は私の神様を破壊して代わりにどんな神様を下さろうといふの。残酷なのは私の神様でなくて、むしろ貴方じゃなくって」

このあと親鸞や禅も学んだが救われず、さまざまな心霊現象を体験したこともあり、その貴布禰の

神にいきついたと塚本夫人は涙ながらに告白し、史朗はそれらを聞いて、「この不思議な女性の不幸が何だかわかったやうな気がした」ということで、このシーンは終わる。そこには予言もなければ、立替え立直しもない。大本教とそれに向かう心はここで言いつくされている。つまり、この小説のなかで、大本教についての言説は周到に避けられている。孤独で強い霊感の持ち主である塚本夫人が、何やら古い神に何事かを祈りつづけている。それは身を犠牲にするような祈りであり、その苦しみを心のよりどころとするような信仰心だ。ノンフィクションの要素の多いこの自伝小説で、この部分だけはあきらかにフィクションだ。このフィクション化をほどこしたのは、利鎌なのか松岡譲なのか。やはり、利鎌だろうと私は思う。

松岡は、連載の最終回を書かずに終わった「最終回にかえて」で、「第二部に入って主人公の方は禅に打ち込むのに反し、女主人公の方は邪教に趨る事になるので、その両方を対照しながら書いて行くつもり」と述べている。『素顔』の連載は、一九三七年から三八年にかけてのことだ。第二次大本教事件の二年後である。弾圧の騒動は少し沈静化していたかもしれないが、「邪教」といえば大本教を連想させたことだろう。そして松岡は、「戦後の思想の混乱は今から予測されそうな気もし、それにつれて邪教問題は一層切実に考慮されていいと考える」とも述べている。第二次大戦後の思想の混乱までみすえて、邪教について強く発言する必要があると考えていたようだ。そのために第二部を書くのだ、と。したがって、もし上記の部分も松岡が書いたのなら、この部分にももっと大本教臭さをにおわせたと思う。周到に大本教を避けたのは利鎌であり、松岡はまずは彼の原作を尊重してそのまま書いた。そして、第二部を構想したのだろう。しかも、第四回でこの小説が前田利鎌の自伝小説をもとにしたと明言しているから、塚本夫人のモデルが平塚孝子であることも、知る人には知れわたっていた。だからこの「最終回にかえて」は、平塚孝子が邪教である大本教の信者だと明言したようなものである。

このあと、松岡の意気込みにもかかわらず、第二部が書かれなかったのは、孝子からの強い抗議があったからだと推測する。おそらく孝子は、利鎌と深いつきあいがあり、また宗教にも関心を抱いている松岡だからこそ、信頼して、自分一人の胸にしまっておくはずだった利鎌の『没落』を託したのだろう。二人にとっての最も肝心な部分は渡さなかったものの、残りの部分によって、亡くなった前田利鎌の人となりを広く知ってもらいたいという思いもあったのかもしれない。したがってモデルが詮索されることは多少は覚悟していたはずだ。しかし、「最終回にかえて」を読み、裏切られたと感じたのではないか。やはり人に託すべきではなかったと、ひどく後悔したのではないか。

では、利鎌はなぜ大本教を避けたのだろう。利鎌はただ一人愛する孝子にだけ読ませようと自伝小説を書いた。つまり、他人の目をごまかすために大本教を出さなかったのではない。彼が『没落』を書きはじめたのは二十六歳のとき。つまり一九二四（大正十三）年ごろで、第一次大本教事件が起こったあとである。それ以前から二人のあいだでは、互いの宗教についてさまざまな話し合いが行われたのではないか。互いに共感も反発もあったと思う。利鎌は大本教関係の書籍も読んだはずだ。愛する人の信じる宗教を理解しようとつとめただろう。だが利鎌は、らいてうのように禅の視点と大本教の教義を重ねることができなかった。

近代を否定する気持ちは強かったが、そこから「立替え立直し」には向かわないからだ。姉や兄たちの生き方とその結果を見てきた彼は、社会的運動によって人間が救われるとは思えないのだ。では救いはどこにあるかと考え抜き、さまざまな文学や哲学、宗教を学び、禅にいきついた。利鎌にとってはあくまでも、禅による真の自由の境地を個人的に追求することが第一だった。『宗教的人間』のなかで、利鎌はこんなことを書いている。

「吾吾は何物に対しても長く奴隷の状態にあるべきではない。一切の奴隷状態は生命活動を阻害することである。知識に対する隷従も又悪である」。第二章「一所不在の徒」の最初の論文「看脚下」のなかでのことだ。これはルネサンス以降のヨーロッパの文化が、「知は力なり」という思想で貫かれていること。それが人間を中世的呪縛から解放し、清新な生命力を横溢させたことを認めながらも、今はその知識や科学の奴隷になっており、さらにその先に行かなければならないという考え方を示した論文だ。そしてもちろん利鎌は、それだけでなく、あらゆる奴隷状態を否定している。『宗教的人間』は、その一切の奴隷状態を脱し、いきいきとした生命力あふれる状態を、禅家や哲学者、文学者の生き方や思想をとおし、さまざまな形で追求した論文集なのだ。

例えば、第一章「臨済・荘子」の「荘子」の後語では、社会変革を高唱するものの多くも、運動の奴隷になっているのではないかと指摘する。それは「小人閑居して不善を為す」という言葉があるように、孤独に自分の問題に沈潜していく難しさを語り、多くの人は、華やかな群衆のなかで踊りたいと思うからだと説く。社会変革のために闘うのもまた、その欲望の表われではないか。

無聊（ぶりょう）をなぐさめるために、戦いの刺激を求めるのではないかと、利鎌はいうのだ。彼らの戦闘的な姿が、真理を追求するよりは、まるで無聊をなぐさめているように見える、と。そしてそれもまた一種の隷属状態であり、自分に対する欺瞞だろう。運動の否定ではなく、闘うことが生きがいになっているような姿に欺瞞があると利鎌は考えるのだ。禅ないし仏教による自由の追求は、そういう欺瞞からものがれ、知識にも科学にも社会運動にも隷属することなく、ただ一人、自分の途を求める境地を目指すことだ。利鎌はその境地をひたすら目指している。したがって、宗教としての真摯な姿勢は否定しないまでも、戦闘的な世直しに向かう大本教には、やはり共感しきれないものがあったのだと思う。

そして、自伝小説を書いて彼女に捧げようと思ったとき、利鎌は孝子の信仰心の本質を抽出しようとしたのだ。熱心な大本教信者として、予言を信じ、「立替え立直し」の変革思想にも共感したかもしれないが、その底に横たわる宗教心は、結局は孤独を癒やすことではないか、とつきつけたのだ。それは利鎌が求める自由の境地とは大きくかけ離れていた。しかし利鎌はそれを否定しきることもできなかった。孝子の孤独と悲しみがよくわかっていたからだ。利鎌は小説で、華やかに暮らす孝子の心の奥底の、冷えびえとした孤独を描こうとした。そしてそこから大本教をもう一度見つめ直して欲しいと願ったのかもしれない。『宗教的人間』でも『没落』でも、大本教に一切触れなかったのは、愛する人が信じる宗教を尊重したからだろう。大本教論を一切書かなかったことに、利鎌の孝子への愛を見る思いがする。

十一　大本教批判

大本教について、長々と見てきたが、これを批判し、邪教とした勢力の意見も見ていきたい。それはひとつの新興宗教の問題だけでなく、大本教をめぐる肯定と否定という両面が、日本の近代がもたらした思想の両面を表わしているように思えるからだ。そしてそのことが、利鎌と孝子の生きた時代をより鮮明に浮かび上がらせるように思う。

大本教批判の急先鋒は、中村古峡であった。当時彼は、日本精神医学会を主催し、雑誌『変態心理』を発行し、一九一九年に『変態心理の研究』（大同書館店）を刊行するなど、精力的に変態心理の研究者として活動していた。大本教批判を始めたのもその頃からで、雑誌のなかで執拗に批判を繰り広げただけでなく、「学理的厳正批判」とうたった『大本教の解剖』（日本精神医学会）も一九二〇年に出版している。教団を変態心理の立場からとらえ、「宗教性妄想患者の濫書狂を取り囲んだパラノイア、妄想性痴呆、迷信者、山師連の集団」と決めつけた。この本のなかには、京都府警察本部発表の「大本教の調査報告」もふくまれ、非公開の大本教の裁判でも、中村古峡は特別に傍聴を許されるなど、警察側と一体になっての批判活動でもあった。

中村古峡はなぜ、そのような立場を取ることになったのか。

古峡は、漱石の弟子の一人である。東大で漱石の教えを受けただけでなく、初めは作家を目指して批評を仰ぎ、さまざまな援助を受けた。一高・東大では森田草平、生田長江と同期であり、共に活動した。森田は後に孝子の妹、平塚らいてうと心中未遂事件を起こしている。漱石宇宙の不思議な広がりを思う。

彼の足跡と思想内容を、主に小田晋ら編による『『変態心理』と中村古峡　大正文化への新視角』(東京不二出版)をとおして見ていきたい。

所収の年譜によれば、中村古峡は一八八一年に、現・奈良県生駒市に生まれた。本名は蓊。中村家はもと庄屋で、村一番の豪農であった。しかし父・源三が、大阪府府会議員、奈良県県会議員、南生駒村初代村長などを歴任したあげくに家産を失い、古峡が十五歳のとき、京都に逼塞する。二年後に父親が亡くなると、古峡は家督として家族を養う立場になる。脚気、肋膜炎、神経衰弱などの病気に苦しみながら上京し、働きつつ勉学に励み、一高、東大へと進んだ。京都時代から知遇を得ていた『朝日新聞』の論説委員・杉村楚人冠の支援もあった。一高時代に、森田草平、生田長江らと出会い、雑誌をつくって文学に打ち込むようになり、東大で漱石の講義を受け、一九〇六年ごろから千駄木町の家にも出入りするようになる。その年、弟が精神を病んで入院し、二年後に病院で亡くなる。古峡は自身の病気や家族を抱えての窮状に加え、この弟の病に苦悩し、それを漱石に訴えたのに対し、漱石はこんな手紙を書いている。

「将来君の一身上につき僕の出来る事ならば何でも相談になるから遠慮なく持って来給へ」

（一九〇七年五月二十七日付）。

そして事実、度々金銭的援助もしたようだ。それを示す数々の手紙がある。さらに、書いた小説を新聞社や出版社に紹介するなどの労もとっているが、作品に対しては厳しい意見を言うこともあった。実は、一九一一年十一月二十九日に、漱石の五女・ひな子が急死したそのとき、奥の書斎で漱石と会っていたのが古峡である。厳しく批判された小説を書き直し、それについて相談していたのだ。

さて、このように作家として創作し、ドストエフスキーやイプセン、アンデルセンなどを精力的に翻訳するなど、文学の道を歩み始めた古峡が、心理学や精神医学の道に進むようになったのはなぜか。もちろんそれは、精神を病んで亡くなった弟の問題が最大の機縁だろう。イタリアの精神科医チェザーレ・ロンブローゾや、イギリスの評論家トーマス・カーライルなど、西洋の心理学や精神医学の著書を読むようになっていく。そして一四年には、先のドストエフスキーやイプセン、アンデルセンなどの翻訳とともに、ロンブローゾの『天才と狂気』や、カーライルの『英雄崇拝論』の翻訳・出版も行なっている。この年は生田長江や森田草平と共に雑誌『反響』も創刊し、小説も書きつつだから、実に精力的な作業だ。このころまでは、文学と心理学や精神医学を両立させていた。それが翌年の一五年になると、催眠術を学び、頻繁にその施術を行なうなどするようになり、より後者の方に力点を置き始めていく。

おそらくそれは、文学で立っていくことの困難を感じ始めたこともあるのではないか。このころ、漱石に自作の『朝日新聞』への掲載を依頼するが、「多分駄目だろう」（一九一六年六月四日付）と断られたり、また、送り届けた二作品を酷評されてもいる。小説家としての実力は、今一歩だったのだろう。しかし、中村古峡は、常に果敢に自分の道を切り開きつつ、貧困と闘い、家族を養う義務があった。一三（大正二）年には結婚もしていて、次々と子供も生まれ、家族を養う責任がより強くなっていた。一六（大正五）年には自分の出版社を起こし、温泉ガイドのような本も出しているのである。もちろんそれはサイドビジネスだ。そして、文学で身を立てることをあきらめたとき、仕事の中心を心理学や精神医学へとシフトさせたのだろう。何しろ、翌一七年五月には、品川区御殿山に「日本精神医学会」を設立し、診療所も設けて、精神性諸疾病患者の治療を開始。十月には、機関誌『変態心理』を創刊するのである。

古峡は後に、四十五歳で、東京医学専門学校（現・東京医大）に学び、医師の免許を取得するが、この当時はまったくの独学だった。それでいながら、斎藤茂吉や、「森田式」療法で知られる森田（もりた）正馬（まさたけ）ら精神医学者らに働きかけ、「日本精神医学会」という組織を立ち上げたのだ。そして、その陣容と機関誌『変態心理』の内容を見るとき、ひとつの道を思い立ち、それに突き進んでいく中村古峡の果敢さと、周囲を巻き込んでいく力を見る思いがする。

さて、『『変態心理』と中村古峡　大正文化への新視角』所収の小田晋の論文、「精神医学の見地から見た中村古峡と『変態心理』」によれば、「日本精神医学会」では、斎藤茂吉や森田正馬ら精神医学者、犯罪心理学の開拓者の一人である寺田精一らが評議員となり、賛助員には、幸田露伴、井上哲次郎、金子堅太郎、井上円了、上田万年（うえだかずとし）、杉村楚人冠、福来友吉（ふくらいともきち）らが名前を連ねたという。さらに、柳田國男、南方熊楠、金田一京助、長谷川如是閑（はせがわにょぜかん）、内田魯庵、生田長江、小川未明、岡本かの子らが、執筆者として登場する。小田は、この雑誌が「いかがわしい性研究雑誌」ではなく、当時の「精神医学、哲学、心理学、民俗学、宗教学、文学など、あらゆる領域を網羅」した、「こころの科学」についての総合誌であるとしている。「通読すれば大正・昭和初期の社会文化の万華鏡を見る思いがする」と。

また、同書のなかで、「大正期・心霊シーンのなかの『変態心理』」を論じた一柳廣孝（いちやなぎひろたか）は、その魅力を「『変態心理』は、大正期のオカルト／科学をめぐるマージナルな雰囲気を濃厚に伝えた、貴重な資料群である。〔…〕オカルトと科学が未分化な状況から、両者が明確に分割されるまでの軌跡を、みごとに保存している」と分析する。

そのように多彩な内容のなかで、特にこの雑誌が力を入れた領域は、当時の宗教や超常現象ブームにおける精神病理の研究であった。第一巻第二号から始まった、森田の「迷信と妄想」を皮切りに、さまざまな新宗教の教祖論や、心霊実験などもふくむ霊的活動と催眠術の関係などを論じていくが、そのなかでもとりわけ大本教批判に集中していく。通常の号での批判のほかに、「大本教追撃号」（一九二〇年十一月号）や、「大本教撲滅号」（二一年六月号）などの特集を組むのである。積極的に論陣を張った古峡はさらに、それらの論文を集めた『学理的厳正批判　大本教の解剖』を出版。この古峡を中心にした日本精神医学会を舞台にした批判の嵐と、浅野和三郎ら大本教側の激しい論争が社会的に大きな注目を集め、マスコミなどのキャンペーンも重なって、大本教の「邪教」イメージが広まっていった。

なぜ、古峡は大本教にとりわけ固執し、激しく批判したのだろうか。

同書の、栗原彬論文「「科学」的言説による霊的次元の解体構築――大本教へのまなざし」で、その理由を栗原はこう書いている。

古峡が大本教を批判したのは、大本教を時代を象徴する「変態心理」と見たばかりでなく、大本教によって励起され、また大本教を支える社会意識に、秩序解体を導く危険なものを見て取ったからである。

つまり、ひとつは古峡らが変態心理とみなすものの象徴が大本教であったこと。もう一つは、その教義の基本に立替え・立直しの変革への希求があり、それを危険とみなしたということだ。まさにその基本によって信者を増やしたのであり、その社会意識の広がりの危険性を、古峡は打ち破ろうとしたのだ。

ところで、古峡らが主張した『変態心理』とは何か。栗原は、雑誌のなかで変態心理として言及されている項目を、次のように列記する。

犯罪者、受刑者、不良少年、天才、精神病者、神経衰弱者、ヒステリー、夢遊病者、二重人格、不潔恐怖症、酒乱、酩酊者、香具師、娼妓、「反逆の女性」、「男性化せる女」、蛇使い女、電気娘、不妊、不能者、私生児、肺結核患者、「癩病患者」、行路死亡者、政治運動屋、駈落者、「木賃宿の人々」、山窩、アイヌ、朝鮮人、「支那人」、失業者、「浮浪者」、群集、

放火、殺人、私刑、堕胎、自殺、情死、嬰児殺し、変態性欲、性病、コレラ、わいせつ行為、姦通、恋愛妄想、嫉妬、惑溺、嘘、憤り、幻影、夢、自己暗示、怠惰、疲労、震災、暴動、流言蜚語、投機、妖怪、迷信など。〔原文ママ〕

なかでも最も「変態」であるとするのが、新興宗教と降霊術、心霊術など霊的な活動で、大本教はその代表というのだ。

病気や人種、職業まで「変態」と見る。それらは、いわば弱者の総体だ。そしてその弱者を批判し、否定することは、排除の論理だろう。栗原はその見解を、こう分析する。

『変態心理』が丹念に採録したこれらの項目は、日本の近代化と国家形成の過程で、社会の規範的な定常系から差別化されたものの目録となっている。光の当る近代の中心域から見る限りでの、異質なもの、逸脱したもの、否定的なもの、欠如しているもの、過剰なもの、周縁的なもの、異常なもの、おぞましいもの、非生産的なもの、非合理的なものなどが辺域に寄せ集められて、ダークサイドの中に押し込められている。〔…〕近代日本が天皇制国家の「正態系」を政治的作為として立ち上げるとき、その自己組織化のダイナミクスは、「変態系」を繰り返し制作し、排除し続けなければならなかった。

つまり、近代日本そのものが彼らをくり返し作り出し、それをまたくり返し排除することを求めたということだ。

大本教はその象徴として、古峡らから徹底的に批判されたのであり、国家からは二度の大弾圧を受けたのである。古峡らはその戦いを思想闘争としていた。心理学という学問による迷信打破である。「科学」によって、迷信の暗示にかかりやすい群集心理を解剖し、解体させようとした。「健全な」社会にあってはならないからだ。一方、大本教はその不健全さに寄り添うことで勢力を拡大した。近代国家が生み出す負の側面に、大本教と古峡は正反対の立場で対峙したのだ。

利鎌も孝子もこの構図のなかで生きていた。それぞれもがき苦しみながら、自分の生きる場を求めていた。利鎌の書いた小説がそれを色濃く反映していることが、おわかりいただけると思う。そして、さまざまな知識人もまた、もがき苦しんでいた。二つの例を挙げよう。一つは、古峡の『大本教の解剖』に寄せられた、生田長江の序文だ。この本には、生田だけでなく、医学、法学、文学の博士や河上肇、堺利彦ら実に二十名もの人々の序文を載せ、大本教についての意見をそれぞれに述べている。作家で評論家の生田は、次のように書く。

> 迷信とはそもそも何であるか。常識に反したことを信ずるのが迷信であるとすれば、すべての天才的独創に須つところの宗教はことごとく皆迷信である。精しくは迷信から出発して迷信でないものの方へ進んでいく。非常識なものからだんだん常識的なものになって行く。これが一部の人々の目に、宗教の進化と見えるものであり、私共の目には宗教の堕落と見えるものである。私は大本教の厳正批判者として立った中村君が、宗教の進化および堕落について、

なるべく私共と近い考えをしておられることを希望する。

生田の主張は、宗教とはもともと迷信から出発するのであり、またその非論理性を持ちつづけなければ、本当の宗教とは言えないということだろう。それを科学的に批判しても意味をなさないのだ、と。ここには宗教を科学的に解剖しようとすることへの、おだやかではあるがきっぱりとした異論がある。しかもその「科学的」にも異論を述べる。「例えば今日の科学を、しかもその専門的学究見を絶対的真実であるかの如く信ずるのは迷信である」と。

もう一つは、王仁三郎も出演する大本教の記録映画を撮った小山内薫の大本教観だ。映画を撮る以前に書いたもので、この文章もまた、服部静夫の『大本教の批判——問題の新宗教』（新光社）の序文である。こちらの序文は小山内ただ一人。『大本教の批判』と題しているが、実は大本教を支持する服部が、その教義や歴史などを教団の外から解説しようとした内容だ。さて、その序文を小山内は、次のように書き出す。

私は暗い道にゆきくれている旅人である。暗さも暗い。道も分からない。足も疲れている。もう一歩も前に進むことができない。

ふと遠くに明かりが一つぽつりと見えた。私は躍り上がって喜んだが、私の疲労は余りひどくて、もう一歩もその明かりの方へ近づく事ができない。

どうもその明かりは自分を迎えて呉れているような気がする。そこまでゆけばきっと一夜の

宿りが得られそうな気がする。［…］

　私は遠くからその明かりを見詰めている。その明かりを見詰めていると段々肩の荷が軽くなって来るような気がする。疲れた足がだんだん力を得て来るような気がする。私と皇道大本とのただいまの関係は、やっとこの辺のところである。

　いかにも劇作・演出家らしいフィクショナルな書き出しだが、要は、大本教に出会ったことで、少し生きる力を得たということだろう。出会いといっても、「遠くから見ている」という距離がある。続く文章を読むと、その「遠くの明かり」というのは、『大本神諭』（天之巻）を読んで驚異したということらしい。そして、「この驚異がわたしの精神生活にも肉体生活にも、ある小さな革命をもたらしたことは事実である」と書くのである。「もう一歩も前に進むことができない」ほどの「疲れた足がだんだん力を得て来るような気がする」というのだから、確かに、「小さな革命」だったのだ。そして小山内は、自分は信者になる資格はないといいながら、ただ、「とにかくにも世のまじめな義人に大本神諭の一読を勧めたい。心を清くして赤子の心になってこれを一度読めば、必ず霊魂に或変動を覚えずには置くまい」と結んで序文を終える。

　ここには、「立替え立直し」や予言の的中といったことだけではない、知識人を精神的に動かしたさまが見て取れる。おそらく小山内は、時代のなかで精神的に追い詰められていたのだろう。古峡からすれば、この小山内もまた「変態心理」者ということになるのだろうが。

さて、このように大本教の流れを見てきて、私は一つの疑問に突き当たった。このように政財界人や知識人、軍人ら様々の立場の人々を巻き込み、大正から第二次大戦までの歴史のなかで大きな足跡を残したはずの大本教が、戦後ほとんど忘れ去られたということだ。それは、王仁三郎が亡くなったあと、次第に教団の勢力が衰え、目立った動きを見せなくなったからということだけではない。『岩波講座　日本通史』をはじめ、現在出版されている通史の近現代のほとんどに、これまで見てきたような大本教をめぐる動きが一切書かれていないのだ。社会運動や労働運動、共産主義などについては必ず書かれるにもかかわらず、大本教については触れられていない。講談社や集英社、小学館などの『日本の歴史』や、歴史学研究会・日本史研究会編の『日本史講座』（東大出版会）も同様だ。大本教事件を扱った研究書や膨大な史料集成など、関連書籍は多数あるにもかかわらず、である。こうした歴史書だけをみれば、まるでそのような教団も、弾圧事件もなかったかのようだ。

今のところ近現代史において大本教に関心を寄せているのは、私の見る限り、作家の松本清張と日本政治思想史研究家の原武史（はらたけし）だけのように思う。松本清張は、青年将校たちが五・一五や二・二六に向かっていく動向を追った『昭和史発掘③』および『同⑥』で、それら軍部の動きと大本教との関連や、大本教弾圧事件が二・二六事件の発覚を遅らせたことを指摘している。原武史は、『〈出雲〉という思想』のなかで、明治政府が国家神道を確立していく過程で、いかに〈出雲〉の神学が排除されてきたかを論証し、その出雲神学の系譜を引き継いだのが大本教だとしている。そして原は、毎日新聞社編の『大正という時代――「100年前」に日本の今を探る』の第十四章

「大正の政治と思想を語る」で作家の森まゆみと対談し、次のような発言をしている。大正時代の女性の参政権の話題で、大本教は女子であっても政治的参加が認められるべきだと主張していた、と。また、大正時代には女性のシャーマン的な力が花開いたとして、その一人として平塚らいてうや高群逸枝（たかむれいつえ）とともに出口なおの名前をあげるのだ。そして、「大正期のいわゆるラディカルな急進的な考え方というと、すぐにマルクス主義や社会主義の話になるわけですけれども、一見それと対極にあるような出口王仁三郎や折口信夫、高群逸枝の思想の中に実はかなりラディカルな部分があって、それが大正という時代に花開いている」と指摘するのだ。

この原の指摘が的を射ているように思う。今後は、日本近代の政治史・社会史に、禅や大本教のことがしっかりと位置づけられることを願う。それによって、利鎌と孝子が生きた時代というものが豊かによみがえり、彼らの愛と苦悩もさらに見えてくると思うから。

宗教的人間

前田利鎌著

岩波書店

前田利鎌『宗教的人間』〔岩波書店〕

改版の表紙

（1939 年）

平林寺山門

前田利鎌と前田卓の墓

十二　利鎌と孝子のその後、そして利鎌の最期

前田利鎌と平塚孝子の恋愛は、やはり岡夢堂の死で終わったように思う。一九二五（大正十四）年二月二十日、夢堂は小石川の是照院で大休老師との相見中に卒倒し、そのまま師に看取られて亡くなった。その記述のあと、利鎌の年譜に平塚家や夫人の名前が出てくることはない。師の死がきっかけとなって、一つの区切りをつける決意をさせたのではないか。利鎌の一存だけでなく、孝子の決意でもあったと思う。二人は話し合って終止符を打ったのだ。そして、その記念に、何度も推敲して書き上げた小説『没落』を贈ったと想像する。それは利鎌の最大の心をこめたプレゼントであり、孝子もしっかりとその心を受け止め、受け取ったはずだ。二人はきちんと話し合い、涙を流す場面もあったかもしれないが、最後は笑って別れたのではないか。

それから数年で利鎌は命を終えるのだが、この間の足跡には一種のすごみが感じられる。まず、夢堂が亡くなった二ヶ月後から、武州の名刹平林寺の大休老師のもとに通いはじめる。

師を送るもろもろの手続きをすませ、心の整理もつけて、新たな修行をはじめたのだろう。学生数人も連れて、熱心に参禅した。毎週通うだけでなく、昼夜を通じて禅を組む月並接心（つきなみせっしん）や、是照院での老師の見性会にも参加した。後には、毎週土曜日の夕方から日曜の朝まで座禅を組むようになるし、最後は「臘八接心」という禅の最も重い修行にも取り組むのだ。まさに禅三昧である。もちろん大学での授業もあるし、西洋哲学の研究も併せてつづけていた。また、ともに平林寺に通う学生や、学識を慕ってくる学生相手に、『臨済録』やニーチェの『ツァラトゥストラかく語りき』の講座も、同じころから自宅で始めている。東工大生だけでなく、東京帝大生ら他大学の学生も集まってきたという。つまり、大学以外に自宅でも東西の哲学の講座を持っていたのだ。亡くなるまでに行なった自宅での講座は、次のとおり――『臨済録』『荘子』『老子道徳教』、スピノザの『エチカ』、ニーチェの『ツァラトゥストラかく語りき』、ゲーテの『エフィゲニー』『エグモント』『タッソー』『ファウスト』、アナトール・フランスの『ジャルダン・デピキュール』等。

さらにこのころから、『宗教的人間』に収められた論文も書きはじめている。大学の卒業論文をのぞけば、すべてこの時期に書いたのだ。最初の論文は、「狂僧普化」である。狂気じみた振る舞いをする人のなかにも「抜群の人生観や、非凡な知恵が宝石のように輝いているものである」として、臨済と同時代の禅僧普化の奇行とその神髄を紹介したものだ。年譜では、二五年八月に、その論文を「講座に書く」と記している。何の講座に発表したのかはわからない。二十七歳のときだ。つづいて、激越で革命的な臨済の思想と行動を詳細に情熱的に論じて禅の本質に迫った「臨済」と、荘子の認識論を現代哲学に通じるものとして精緻に分析した「荘子」等の主要論文も、それから

二、三年のうちに書き上げている。そして、「夢堂老漢」等もふくめたその論文集『臨済・荘子』を、二九年に大雄閣から出版した。生前唯一の著作である。二月に出版し、三月に神田の中華第一楼で出版記念会を開催した。

がむしゃらに禅と学問に打ち込んでいる姿が浮かぶ。しかし、生来はつらつとした利鎌のことだ。本と思索の虫だけにおさまるはずがない。一九二六年九月には日本アルプスに登山しているし、翌年十月には白骨温泉から上高地を踏破している。同年には東工大と兼務していた工業高校の塩原温泉への修学旅行にも同行した。剣のけいこにも熱心にはげんだようだ。さらに、心霊治療を行なっていた九二四郎を見習って、按摩の術も覚え、漱石夫人のところに、按摩が来ましたと出かけて、肩をもんでは小遣いをもらったりもしている。その様子を、漱石の次男・伸六がユーモラスに紹介している。

或る宵の口、母の部屋で、無駄話をして居ると、後ろの襖が開いて、女中が、

「奥様、按摩さんが参りました」

と報告したので、何気無しに振り返って見ると、

「今晩は」

と、挨拶しながら、前田さんが入って来たので驚いた。尤も、彼は、部屋へ入るなり、早速、上着をぬいで、母の肩を揉み出したのだから、確かに、按摩さんをしに来たのには間違いないのである。が、当時利鎌さんは、蔵前の高等工業の先生をして居たのだから、無論、本職

の按摩である訳もなかったけれど、当の彼自身、女中から、按摩さん按摩さんと呼ばれても、一向に平然と済ました顔をして居る上に、母は母で、

「あら、この人按摩さんじゃないよ」

などと、一々訂正するのさえ、面倒だと云う、誠に大ざっぱな性質だから、女中の方としても、てっきり彼を本物の按摩と思い込んで居たらしい。（『父と母のいる風景』）

伸六はとにかく、利鎌が按摩さんとしてやってきたことが、よほどおかしかったのだろう。事細かな書き方に、その時のことを思い出して笑いながら書いている感じだ。そして、肩をもんで小遣いをもらう利鎌の家の事情や、『草枕』と卓についても書いているが、そのなかにまた楽しい話題が入る。

母の肩揉みが終わり、何がしかの按摩賃を貰い受けると、きまって、彼を交えた母と私の三人で、御花の御開帳と云う事になるのだが、もともと母は、八々（はちはち）以外には知らない上に、負けるのも、殆ど母一人ときまって居たから、これも多少、利鎌さんにとって、按摩以外の余禄になって居たことは確かである。（同前）

鏡子夫人と伸六と利鎌は花札をして遊んだ。しかもお金をかけてである。「きまって」というからいつものことだった。鏡子夫人もおおらかだが、利鎌も屈託がない。まんまとこづかいをせしめて

笑いながら帰る姿は、まるで親戚の甥のようだ。勤め先は蔵前といっているから、関東大震災の前のことだろう。当時はまだ東京工業高等学校で、震災後、蔵前から大岡山に引っ越している。大学として認可され、旧東工大となるのは一九二九年のことだ。とするとこのエピソードは、利鎌が二十五、六歳のころのことになる。孝子との恋愛は始まっており、夢堂も存命している。利鎌はこうした一面も持つ伸びやかな男であった。鏡子夫人への按摩の治療はその後もつづけたようだし、彼の快活な本質は変わっていないと思うが、それでも夢堂の死後は、何かに追い立てられているような利鎌を見る思いがする。

一九二八年の八月から翌年の三月までは、毎週土曜日には、大学の講義が終わるとすぐさま平林寺に行き、日曜朝まで徹夜で座禅を組むようになる。翌年十二月には「臘八接心」に参加した。「臘八接心」というのは、釈迦が十二月八日に悟りを開いたのにちなんだ修行で、十二月一日から八日まで、ぶっとうしで座禅を組みつづける修行である。『禅学辞典』によれば、「昼夜不眠の坐禅修行。一切の作事作務を廃し、便行以外に一切坐より立たず。又、横臥倒眠することなく、ただひたすら坐禅して、十二月八日暁天に到り初めて坐より起つ」とあるから、八日間、トイレ以外は不眠不休で座禅するという苛烈な修行である。平塚らいてうも西宮の海清寺でこの修行に参加し、ただ一人完遂して、「全明」という大姉号を授けられたことは前に書いた。彼女の記録によれば、そこでは三度の食事も出され、一時間ごとに別室でわずかの休憩をとることを許されたという。ただらいてうの場合は、初日に麦飯で激しい下痢をしたため、ほとんど断食で座り続けた。「三昧」の境地に入ると、休憩時間になっても座を解く気にならず、一日中座っていても平気になったと書いている。

利鎌の場合はどうだったのだろうか。「十二月、平林寺臘八接心に参じ、夜は徹宵座禅、早暁霜を踏んで帰途につき登校等のことあり、頗る熱心」と年譜は短く書いている。この記述からすると、徹夜で座禅を組んだあと大岡山の大学に行き、授業をしたようにもとれるが、この修行の決まりからすればそれはあり得ないだろう。八日目に修行を終えたその足で、そのまま登校したということだろう。「早暁霜を踏んで帰途につき」とあるから、歩いて帰ったのである。現在でも平林寺はかなり不便な場所に位置する。当時平林寺に参禅する東京の大学生は、二十五キロの道を歩いて通ったという。利鎌も歩いたと思う。池袋の自宅と武蔵野の平林寺、大岡山の大学のあいだを、どのようなルートで往復したものか。この修行の姿を思い浮かべると、なんという、苛烈な、と思う。この苛烈な修行によって、彼はどのような境地に達したのだろう。

いわゆる悟りの境地に達したのかどうかはわからないが、精神的に新たなエネルギーを獲得したのは確かだろう。しかし、身体的にはかなり衰弱したのではないだろうか。いや、おそらく身体的にも一層の高揚感があり、内なる衰弱に気づかなかったのではないか。この修行から一ヶ月あまりで、利鎌は亡くなってしまうのだ。

十二月三十日、自宅で『ファウスト』第二部の講座を終えたあと、聴講生十人ばかりと銀座に遊びに行った。利鎌はお酒は飲まないが、年末でもあり、学生たちと忘年会をしたのだろう。そしてその夜、発熱した。「銀座に遊ぶ。悪寒あり」と年譜は記している。利鎌はその夜から、起き上がることはなかった。お正月のことであり、医師に診せるのが遅れたのかもしれない。一月三日に、

「腸チフス」と診断され、四日に、芝・白金の伝染病研究所付属病院に入院する。十一日、第一回腸出血。そして十七日午前九時九分、ついに逝った。五日後の三十三歳の誕生日を迎えることはできなかった。

利鎌は頑健で偉丈夫であった。幼いころ発熱して二、三日寝込んだ以外は、病気知らずで育ったという。剣道にも打ち込んでいたし、何よりも禅の修行が心身の鍛練でもあった。しかし伝染病には勝てなかった。

その死に関して、夏目伸六が次のようなことを書いている。

前田さんの家は、案山子の死後、次第に没落の一途を辿った様で、その為、この兄さん〔九二四郎のこと〕も、習い覚えた武芸をもとに、揉み療治を世過ぎとする様になった訳だが、〔…〕実を云うと、この兄さんの揉み療治が、結局は、利鎌さんの命取りになってしまったと思うと、残念でならない。と云うのも、殆ど病気らしい病気をした事のない利鎌さんが、突然発熱したのを見て、

「なあに、俺が揉んで癒してやる」

と、チフスとも知らずに、この兄が、腹をぎゅうぎゅう揉んだ為、一度に病状が悪化して、利鎌さんは急死したのである。（『父と母のいる風景』）

心霊治療を行なっていた兄・九二四郎の治療が、病気を悪化させたという。おそらく、そういう

こともあったかもしれない。しかし丈夫な人ほど、自分の身体の変化に気づくのが遅れ、あっけなく亡くなるということはある。年末年始でもあり、少し様子を見ようということになったのかもしれない。しかし熱は下がらず、三日に医師に診せた。すぐさま腸チフスと診断され、翌日入院した。そして昭和六年一月十七日、前田利鎌は三十二年の生涯を終えた。その若さと才能と人柄を、多くの人に惜しまれて惜しまれて、亡くなった。

師・夢堂が亡くなり、孝子とも別れてからの五年あまりの利鎌の足跡をみると、一見、何か生き急いでいたように見えるが、そのぶんかなりの充実感と充足感を得ていたのではないかと思う。『宗教的人間』の最後の論文は「「妖怪」と仏教」で、臘八接心に参加する前の十月に、『東京朝日新聞』に発表した。これは共産主義と仏教について論じたもので、仏教は唯物史観となんら矛盾しないということを述べたものだ。

「「妖怪がヨーロッパに出没している」というのは既に前世紀の昔話である」と書き出し、ヨーロッパではすでに妖怪=共産主義の正体が白日の下にさらされているが、日本ではまだ威力を発揮していると利鎌はみる。その言葉を聞くだけで逃げ腰になる者、怖いもの見たさで近づく者、その結果わけもわからず取り込まれる者と、みんな浮き足だってきちんと向き合っていない。特に仏教界は、「宗教はアヘン」という言葉に茫然自失しているありさまだ。その状況に対し、「マルキシズムが現代思潮の最大の問題である以上」、これときちんと向き合うことは「現代人の義務であるかもしれない」と、利鎌は禅門の立場から乗り出すのだ。そしてまずは、史的唯物論を単純な機械的唯物論として切り捨てようとする論調を批判し、史的唯物論は歴史の発展を客観的に見極めようとする一種のリアリズムだと利鎌は分析する。

一方で今度は、仏教を観念論だとする見方も否定する。プラグマティズムの旗手とされたウィリアム・ジェイムズの『純粋経験論』を援用しながら、純粋な現実体験を本質とする仏教もまた、一種のリアリズムだと主張するのだ。この主張はここで初めて出てきたわけではない。実は利鎌は、『宗教的人間』において、仏教はリアリズムだと繰り返し語ってきた。そのとき引用されるのはだいたい「花は紅、柳は緑」のフレーズで、あるがままに世界を見ること、その生命力を肯定することを、さまざまに述べてきた。例えば、第二章「一所不在の徒」所載の「一休」では、誰よりも業が深いとされた遊女を、一休が弔ったエピソードをとおして、「売僧の悪業も、遊女の醜業も、柳は緑、花は紅の自然の諸相と択ぶところのない、美しい必然の姿である。従ってかかる一休の徒は、最も深い意味でレアリストと云わなければならない」と書いている。悪僧も遊女も「美しい必然」と見ることが、徹底したリアリストである仏教者の姿だということだろう。そしてこの論文「妖怪と仏教」は、そこから「仏教は唯物史観と矛盾するものでも、対立関係にあるのでもない」という結論を導く。それは共感ではなく、共通性の認識だ。利鎌は当時最先端の思想だったマルキシズムに、冷静に向き合っている。そのことを通して力を入れて語っているのは、仏教は観念論でも唯心論もないということなのだ。

禅を論じるだけでなく、現代の仏教についてまわる間違いも正したいということだろう。同じ年の五月に書かれた、その前の論文「現代仏教の精算」も、トロツキーの「文学と革命」という文章を出発点に、現代の仏教がその本質から離れているとする内容だ。当時のロシアの芸術家に広まっているという「宇宙主義」を、トロツキーは一種の神秘主義として批判しているのだが、利鎌はむしろその宇宙主義が「宗教の新しい代用物になりそうな」可能性を秘めているとして、大乗仏教の本質と通じることを語っていく。なぜなら、「宇宙主義」は、トロツキーの説明によれば「全世界をある一体と感じ、自己自身をその世界の活動的な部分と感じる」という主張らしい。その主張そのものを直接読んだわけではないので、理解は不十分かもしれないとしながらも、それは、日本の白隠和尚が、〝永遠の世界〟を説明するさい、「雨は降り出す、干し物ぬれる、背中で餓鬼や泣く、飯やこげる」と語ったことと同じではないかというのだ。

つまり利鎌は、宇宙主義をとば口にしながら、大乗仏教のなかでも最も革命的な禅における「永遠」論、「無限」論を展開する。端的にいってそれは、白隠和尚の言葉のように、「我を忘れた東奔西走の刹那」の素朴な現実世界なのだという。しかし、そうしたなかにありながら、その自覚を私たちはほとんど持つことができない。なぜなら、既成概念に縛られているからだ。「一切の既成概念を粉砕して、純粋に現実を直感することがないからである」と利鎌はいう。したがって、それを粉砕しなければならない。現代仏教の課題は、煩雑な形式や難解な用語でがんじがらめにしている殻を打ち破り、つまりは「精算」し、体験と実行を解放しなければならないと主張する。その主張を語るために、トロツキーを出し、宇宙主義の芸術を出し、あるいは、「近代神学の父」とされるフリードリヒ・シュライアマハーの論まで援用して論じていく。

この二つの論文が利鎌の絶筆になるのだが、西洋哲学との比較をとおして禅とは何かを論究するという彼のテーマは、ここまできてほぼ言い尽くされたように思う。カントに始まる近代哲学の流れからすれば、当時としてはマルキシズムはその最後であり、さらには、その先の新たな思潮であるプラグマティズムや、キリスト教の新しい神学論にも目を配って、禅の本質と在りようを説いている。ここまで書いてきて、利鎌の論は一つの円環を閉じたようだ。実に大きな円環を繰り広げた。今読んでも古さを感じることのない本質的な論考の数々だ。切れ味鋭い鎌という名前が示すとおり、どの論文もシャープな知性がきらめいている。それでいてその一つ一つの主張に熱情がある。若々しい。しかつめらしく主張するのではなく、なにかしらおおらかに笑いながら語っているようにも思える。

もちろん生命がつづけば、さらに新たな研究に取り組んだことだろう。だが、少年時代から追求してきた生き方の探求と、それについての理論的解明という課題は、このあたりで一種の到達点に達したと私には思える。そう思うのは、最後の年、一九三〇年の夏の年譜にこんな記述があるからだ。

夏、例年の夏と異なり、さして読書にはげむ事なく、別人の如く悠々自ら楽しむ風あり。この頃より思想的興味は一層社会的方面にも広がりしが如し。

これは、何物にも隷属しないことを主張してきた利鎌が、まさにその境地に達したことを示す姿と思える。知識の奴隷にならない。閑居してもその状態に静かに居ることができる。深く自分の内面に沈潜して動じない。そういう、目指してきた自由の境地を得たのではないだろうか。その果てに宇宙と一体になったのかどうかはわからない。ただ、山林に孤独を求めた古人の豊かさを論じた「荘子」の末尾を、利鎌は次のように書いた。「願くば、ただ自己の隻影を伴として、なおかつ楽しみ得る底の豊けさが欲しい」と。「悠々自ら楽しむ風あり」という姿は、この豊かな境地を獲得したからだと思えるのだ。「思想的興味は一層社会的方面にも広がりしが如し。」というのは、自己の内面に一つの片がついたからだろう。かすかに微笑みながら、ゆったりと座る、大人の風格を持った利鎌の姿が浮かぶ。その総仕上げとして、「臘八接心」に挑もうと決意したのだ。そしてそれを成した。病に倒れたとき、利鎌にとってやり残したことはなかった。私はそう思う。

前田利鎌の墓は、修行に通った平林寺につくられた。亡くなった翌年の四月十一日に、姉であり養母でもあった前田卓が建立した。そして、その卓も一九三八年九月六日に七十年の生涯を終えた。ちょうど、『宗教的人間』がベストセラーになり、改訂版を出した年である。二人は、同じ墓に眠っている。

次に、孝子のその後を見よう。

彼女はその後、さらに大きな波にさらされたようだ。おそらく、四十歳のころに利鎌との恋愛を解消した。そのころ、利鎌は彼女に自伝小説を贈った。そして、それからわずか五年後に利鎌は亡くなる。そうしたなかで、孝子がどれほどの痛手を受けたかは知るよしもない。それだけではなかった。孝子はさらに手痛い打撃を受ける。平塚家を継ぐはずだった末っ子の為人が、一九三三（昭和八）年に急死したのだ。利鎌の死の二年後である。盲腸炎をこじらせた急性腹膜炎で、あっけなく逝ったという。東京帝大一年生、二十一歳だった。娘三人はすでに嫁いでいる。頼みの綱の愛する息子の死である。どれほどの打撃を受けただろうと、想像するだけでも胸が痛む。その痛手を孝子はどのように乗り越えたのだろうか。

もちろん信じる宗教・大本教が最大の心のよすがだったと思う。だが、それだけで救われたかどうか。実は孝子は名前を変えていた。らいてうの著書『福田英子さんの思い出』（『平塚らいてう著作集7』）を読んでいて、私は驚きの表現に出会った。その冒頭に、「わたくしは、姉（平塚恭子）から福田さんの死顔のあまりのおそろしさをしばしばきかされた」という記述である。孝子が「恭子」に変わっているのだ。この文章が書かれたのは終戦から十五年後のことで、改名はすでに周知のことだったのだろう。わざわざ断りもなく、ただカッコ内に淡々と記されている。内容は、『青鞜』時代からの福田との交流や、利鎌が平塚家の家庭教師になったいきさつなど、『元始、女性は太陽であった』下巻の「社会主義婦人論、福田英子さんのこと」とほぼ同じだ。異なるのは、この書き出しのように、一九二七年五月二日に亡くなった福田の死顔についての記述があることだ。孝子は、危篤状態のなかで、「どうしても会ってお礼を言いたい」という福田の願いで突然知らせを受け、かけつけたのだという。しかし間に合わなかった。そしてその死に顔の「あまりにもきびしい相（すがた）」に、魂が凍り付いたという内容だ。

孝子の孫に当たる竹田充智子（たけだみちこ）さんによれば、「祖母は姓名判断の勉強もしていて、「孝」という字が良くないと。それで「恭」にしたようです。戦前のことだったと思います」という。戦前だとすれば、この為人の死が引き金だったのではないだろうか。愛する者の死に自分を責めるのは人の常である。さらに自身のうち続く不幸を思えば思うほど、自分のなかに何か問題があるのではないかと、姓名判断に頼るということも自然な流れのように思う。そして名前を変えることで、なんとか新しく生き直そうとしたのではないか。老いた両親に対する責任と、平塚の家を守る責任もあった。形の上では夫・米次郎が当主だが、平塚家を継いだのは自分であるという強い意識を持っていたのだろう。小説のなかで、離婚に踏み切れない最大の問題が、その責任感だった。塚本夫人がいうところの「子としての義務」である。また当時は、次女と三女が共に夫を亡くし、子供と共に平塚家に身を寄せていたという。息子を亡くし、さらに夫を亡くした娘や孫たちも自分が守らなければならない。再び「母の義務」も加わったのだ。家を守る責任感はさらに大きくなっていたと思われる。喪失感を抱えながら、それらをバネに、孝子は疎開の準備を始める。土地を探し、家を探し、引っ越しの準備をする。そして、その忙しさと張りつめた日々が、彼女を変えていったのではないか。

充智子さんによれば、戸田井の疎開地は、平塚家で働いていたお手伝いさんの実家のある場所だったという。その縁で農家から土地の一部を借り受け、孝子〔本書では以後もこの名前で書いていく〕が家を建てたのだ。しかもその近所には大本教の幹部の家もあった。その家に最初に住んだのは充智子さん母娘だった。「父が亡くなり、姉も九歳で亡くなって、私の体も弱かったことから、母は空気のいい所に住もうとしたようです」と充智子さんは話す。充智子さんが三歳か四歳のころのことだ。そして間もなく孝子も母親・光沢らを伴い越してきた。そしてその戸田井で彼女は大きく変貌した姿を見せるのだ。

らいてうの孫・奥村直史の『平塚らいてう　孫が語る素顔』（平凡社新書）のなかにこんな文章がある。孫から見た祖母らいてうの風貌を述べたくだりだ。らいてうは大変小柄で華奢であり、声も小さかった。それに比べ、「祖母の姉・孝は細身ではあっても祖母よりはるかに背は高く、おそらく一〇センチ以上の身長の差があったであろう」と、まずは身体づきの違いを語る。そしてそれ以上に、孝子の肉体的な強さを、驚きをもって書いている。

> 私の知る祖母には、全く肉体的強靱さは感じられなかった。［…］祖母・らいてうの二つ年上の姉・孝は昭和十年代から戸田井の藁葺きの家に住んでいた。私が小学校低学年の頃訪ねた時の大伯母・孝の生活ぶりにびっくりした覚えがある。襷がけした大伯母が、土間にある手押しポンプを勢い良く押して水を汲み、竈の前にしゃがみ込んで薪をくべ、時には下駄履きの足で薪の端を蹴込みながらご飯を炊き、庭に埋けた大きな瓶の中に力強く網を差し入れて鮒をすくいあげる様は、祖母のおっとり、ゆったりした、むしろ鈍重で物静かな動きとはとてつもなく違った。祖母の襷がけの姿を私は思い出せない。

この文を読んで、私も驚いた。生き生きとした文章に、戸田井での孝子の姿がリアルに浮かび上がる。そこには、これまで見てきたような、深い孤独を抱え、信仰と利鎌への愛でかろうじて自分を支えていた貴婦人の面影はない。あるのはたくましい生活者の姿だ。『平塚らいてう　わたくしは永遠に失望しない』にあるらいてうの年譜でも、四二年に戸田井に疎開したとする項目に、「姉の指導で、キクミ〔らいてうの手伝いの娘〕とともに畑を耕し、カボチャ、ジャガイモ、葉物類などを作り、やぎを飼ってその乳でチーズも作った」という記事がある。戦争が激しくなり、食料事情も悪くなった当時、戸田井での暮らしを立てるために、孝子はそのリーダーとして奮闘したのだ。華奢でゆったりおっとりしたらいてうが、どれほどの働きをしたかはわからないが、それでも孝子のエネルギーに押されて頑張ったであろうことがしのばれる。

もはや誰にも頼ることができない。そう思い定めたとき、孝子は自ら自分を大きく変えたのではないか。これまでの流れからいえば、使用人を使って生活を整えることはできたはずだ。官僚の夫を持ち、退官後の父親が千葉に別荘を構えていたように、平塚家はまだ富裕層の暮らしをつづけていた。疎開する前の曙町の家には少なくとも三人のお手伝いがいたという。父・定二郎は、一九四〇年に、関ヶ原の合戦に西軍の将として一番乗りしたとされる先祖・平塚為広(ためひろ)の碑を関ヶ原に建立している。孝子に比べて、生活にゆとりのなかったとするらいてうでさえ、「手伝いの娘」を従えて疎開したのである。孝子も一人のお手伝いを連れていった。男たちが戦争にかり出され、都会にも農村にも人手が足りなくなっていたという事情はあったろう。しかし、直史が驚くほどの働きぶりには、そうした事情を超えたものがある。自ら身体を使ってご飯を炊き、野菜を作り、やぎを飼うという、まさに身を粉にして働く姿に、変わろうとする並々ならない意志を感じるのだ。戸田井への疎開も、戦火を避けるということだけでなく、生きる場を変えたいという思いもあったのではないか。彼女の変貌は、さまざまな傷を乗り越えて、今ある生をしっかり生きようと決意した姿のように思えるのだ。精いっぱい働き、暮らしを立てていこうとするその姿の裏に、どれほどの深い孤独があったことか。
もし利鎌が生きながらえて、そんな孝子を見たら、どう思っただろうか。利鎌は孝子を心から賞賛したように思う。大地をしっかり踏みしめ、自分の意志と力で精一杯生きる――そこには、利鎌が尊敬をもって描き出した禅僧の一種の「自由の境地」があると思うから。

では、孝子の宗教はどうなったのか。これに関して、らいてうの年譜のなかに興味深い記事がある。四一年二月十八日に、父・定二郎が八十三歳で亡くなった。その時の葬儀を「大本教で行う」と記している。そして、その十三年後の五四年十二月十一日に、母・光沢が九十一歳で亡くなるのだが、その時の葬儀は「三五教(あなないきょう)の儀式で行う」とあるのだ。この記事は二つのことを示している。一つは、両親の葬儀を孝子の意志で行なったこと。もう一つは、その孝子の宗教が、戦後のどこかで大本教から三五教に変わったということだ。宗教に耽溺していたのは孝子であり、官僚だった米次郎はそれに距離を置いていた。大本教の予言を信じて疎開に奔走していたことに関し、米次郎は「夢みたいなことと取り合わなかっただろう」と、らいてうも書いている。とすれば、孝子が信じる宗教を変えたのだ。

三五教とは何か。これは、一九四九年に、大本教の信者だった中野興之助(なかのこうのすけ)が、静岡県清水市(現・静岡市)に設立した新しい教団だ。現在は、静岡県掛川市に本部がある。「三五」とはそもそも、「一切の根本に帰するための無私の信仰」という大本教の根本の教義だという。しかし、公益財団「国際宗教研究所」の教団データベースによれば、中野が霊学の長沢雄楯(ながさわかつたて)に師事し、長沢の神示によって、教団を設立したとされている。大本教との関係は一切出てこない。長沢には王仁三郎も大本教に入る前から学び、華々しく教団を拡大していくなかでも時折交流を持っていた人物なのだが。いずれにしろ、大本教を離れた中野が、すべての宗教を包摂する「万教同一」や、そのおおもととしての「宇宙神」を信奉する等の教義体系で創設した教団のようだ。

充智子さんによれば、孝子が三五教に入信したのは、一九五三年ごろのことという。実は戸田井の疎開先の近所にいた大本教の幹部も、中野と親しく、共に三五教を立ち上げた一人だという。その人の勧めもあったのかもしれない。すでに王仁三郎も亡くなっており、大本教には心のよりどころとしての力が見いだせなかったのではないか。大本教でも「万教同一」を掲げていた。しかし、それを基にした活動が、ややもすれば「大東亜共栄圏」構想と重なるような動きを見せたことも事実だ。それに比べ、戦後の平和主義のなかでかかげられた三五教のそれは、よりシンプルに徹底して見えたのかもしれない。とにかく自分を変えようとした孝子は、その新しい自分に見合った宗教として三五教を選んだように思う。

父親が亡くなったあと、曙町の平塚家に身を寄せ、さらに戸田井でも共に暮らした充智子さんは、「とにかく祖母は優しい人でした」と話す。「誰に対しても、わけへだてなく優しかったですね。例えば当時のことですから、〝おもらい〟の人が来ますね。すると祖母は、ご飯だけでなく必ず何か副菜も添えてあげるのです。だから、何度も何度も来るようになって」と笑う。また、こんなエピソードも話してくれた。母親の光沢が夜眠ることができず、夜通し『源氏物語』を一緒に読んで欲しいと願った。毎夜のことで身がもたず、らいてうに頼んだ。だがらいてうはすぐにやめてしまい、「結局祖母がずっとつきあったのです」。

そして、その母親を看取り、孝子は一九六二年四月十六日に、七十八歳でその生涯を終えた。終の棲家は戸田井だった。東京の平塚の家は戦災で消失した。土地も戦後のどさくさで失ったという。孝子、平塚恭子は、東京・青山にある平塚家の墓に眠っている。

その生涯を見ていると、平塚孝子はきちんと自分と向き合いつづけたのだと思う。豊かに生まれ育ち、はたから見れば何不自由のない暮らしのなかでも、孤独や苦悩があった。彼女はそのことから決して目をそらさなかった。宗教が一種の逃げ道だったとしても、その宗教にまじめに対峙した。その結果、宗教は逃げ道から生き方に変わった。そして利鎌もまた、自分の苦悩から目をそらさずに思考しつづけ、学問と宗教を生き方として実践したのだ。二人に共通するのは、個としての自分の人生に対する自覚だろう。理不尽な人生を、他者のせいにすることなく、まずはしっかりと受け止め、その上でどう生きるべきかを模索する。そこにある苦悩を当然のこととし、それを含めた上での模索だ。利鎌も孝子も強い人間だった。二人が出会い、境遇や年の差を超えて愛し合うようになったのは、そうした共通性からだろう。恋は互いの苦しみと闘いの上に花開いたのだ。

充智子さんは、母親から利鎌の名前を聞くことがあったという。「とても頭のいい人だったと言ってました」。

妹のらいてうは、その恋を快く肯定していたように思う。

らいてうは、柳原白蓮と宮崎龍介との恋愛事件に関する一文「柳原燁子（あきこ）さん」を、一九二一年に書いている（『平塚らいてう著作集3』）。白蓮が取った行動〔婚家を出奔し、龍介のもとに走った〕について、自分の考えを述べた文だ。らいてうはそれを書く上で、報道記事には一切頼らなかった。「ただあの新聞の粗野な、蕪雑な、軽率な、無責任な記事のみによることは、婦人に関する記事の、わけても無責任で、間違いだらけで、ほとんど信ずるにないものの多いことをあまりに知りすぎている自分として、さらにはデリケートな心の持ち主の女詩人に対してである場合いっそう心ないことのように思われます」と理由を述べている。新聞報道というものに対する不信感は、相当なものだ。そしてらいてうは、白蓮の歌集『踏絵』を読み、それと事件との関係を比較検討するという手法をとった。

その歌集のなかから、「眠りさめて今日もはかなく生きんため偽りをいい偽りをきく」など二十六の歌を挙げて、白蓮の過去の生活がまざまざと見えるといい、次のように書く。

燁子さんがどれほど自分の生活に不満を抱いていられたか、その虚偽と無為倦怠と冷たさ、寂しさを感じていられたか、そしてどれほど愛と情熱と変化ある生き生きとした生活を求めていられたか。また〔…〕女子を無視し、侮蔑し、奴隷視し、人形視する社会と男性に対し、女子に服従のみを強要する「掟ならわし」に対し表面はおとなしく身を任せながら、内心には絶えずある屈辱と反感と、時としては悲憤をさえ抱いていられたか。

白蓮の結婚生活が、いかに偽りであったかを見抜き、「こういう生活がそうそう長く続けられるものではないのはあまりにも知れきったことです」と述べる。それでもその結婚が十年も続いたのは、彼女には芸術があり、それが不満の噴火口になっていたからだと分析する。しかしそれでもなお、「破綻の日がくるのは避けがたい」と、断じるのだ。したがって、白蓮のなかに宮崎龍介にたいする愛が芽生え、それが真実性を持って深まったとき、「現実生活をもまたそこにもってこなければとうてい満足できなくなってきました」と、その行動を肯定する。そしてその行動は、「人間道という大きな道に出てこられたのです〔…〕この意味でわたくしは宮崎氏との愛は燁子さんの生涯にとって非常に重要な役目をしたと言わねばなるまいと思います」というのである。偽りの結婚生活を続けるよりも、真実の愛に生きることの方が人間として重要だと、らいてうは主張する。それはまた「伊藤氏をも救ったことになります」と。

現代の目から見れば、ややきれいごとにも思えるが、家族制度が強く支配していた当時、家や体面よりも、一人の人間としての自我を貫くことを尊いものとする、らいてうの思想がつまった文章だ。そして、これが書かれた一九二一（大正十）年というのは、利鎌の年譜に、「深く平塚夫人を識る」と記された年だ。つまり利鎌と孝子のあいだに愛が芽生えたときである。この文章はふたりのことにもそっくり当てはまる。

らいてうは姉の恋愛も大きく肯定していたのだと思う。十三歳の年の差を超えて利鎌を愛したことは、「人間道という大きな道に出る」ことだったと。白蓮について書いたこの文章は、らいてうから孝子と利鎌へのメッセージだったとも読めるのだ。

利鎌が孝子に送った自伝小説をもとに、松岡譲が書いた『素顔』から出発した利鎌と孝子をめぐる旅も、そろそろ終わろうと思う。それは二人が生きた、困難な時代を見る旅であった。そのなかで出会った二人は、ただ愛し合っただけではない。二人はそれぞれに、その時代に対峙したのだ。

利鎌は禅を手に、とにもかくにも自分一人に由って立つ生き方を探し、格闘し、それを身につけるまで歩んだ。孝子もまた、自分の信じる宗教に頼りつつ、やはり自分の足で立つ道を見つけた。そうした生が、この時代に、確かにあった。

あとがき

前田利鎌——若くして亡くなった哲学者の人生に対する興味から始まった旅は、私を予想以上に広い地平へと導いた。それは日本の近代というものの一つの姿である。利鎌が、単に東西の哲学を探究したということだけであれば、この地平にはたどり着けなかったと思う。彼は研究者であると同時に、熱烈に禅に打ち込んだ人でもあった。彼の思索は、禅と西洋哲学をめぐって繰り広げられた。そして、前田利鎌が、おそらく生涯でただ一人愛した女性——平塚孝子は、大本教の熱心な信者であった。偶然出会った二人が、それぞれに宗教を握りしめていた。そして、利鎌の師である夏目漱石も、孝子の妹である平塚らいてうも、深く禅を探求していた。これは何なのか。そのことを探るなかで、私は日本の近代というものがもたらした爪痕を見ていくことになった。

江戸時代という閉ざされた世界にまどろんでいた日本人は、たった数十年後に、科学の進歩とそれに伴う工業化、利便化にさらされた。その恩恵を受けつつ、しかし急速な変化は人々の心に不安の影を落とした。それは、否応なく突き進む大きな流れに、個の力ではとうてい抗えないこと、流れの先も見定めることができないことによる不安の影だろう。その影から逃れるために、人々はさまざまに格闘した。個の力を強めようと、社会運動に打ち込んだ人々もいたが、より多くの人は精神的な世界に救いを求めたようだ。大本教などの新興宗教の流行があり、利鎌らのように寺院から離れてその宗教本来の姿に立ち戻ろうとする動きがあり、さらに霊能者や心霊研究者などのオカルト的スピリチュアリズムも予想以上に広がっていた。「科学」さえもが一種の信仰の対象であった。

そうしたことが最も顕在化したのが大正時代であり、利鎌と孝子が出会ったのもその最中である。そして二人の生の軌跡を追いながら、私はそれから百年後の今を思わずにはいられなかった。個の力では抗えない流れに、今の私たちも押し流されている。しかもその速度は、百年前とは桁違いのスピードであり、それも日々加速している。けれども現在の私たちは、その不安と動揺をしずめる術を持たないのだ。宗教も、思想も、哲学も、そして科学でさえも、すべては相対化され、生きる基盤になり得ない時代に生きているように私には思える。だからこそ、「自由」と「自立」を模索した、前田利鎌と平塚孝子の生を改めて思うのである。

本書を執筆するにあたり、多くの参考文献のお世話になりました。引用表記については巻頭の凡例に記しましたが、小説『素顔』連載時の脱字や誤字と思しき箇所は「俺達のはまってる奇蹟」（二〇五、二〇七頁）、「この顔を見よ！」（二一八、二二〇頁）としましたこと、申し添えておきます。

孝子の孫に当たる竹田充智子さんには、貴重なお話を聞かせていただきました。作家の諏訪哲史さんには、素晴らしい推薦の言葉をいただきました。まるで利鎌が乗り移ったような原稿を一読したときの驚きは忘れられません。また、編集者の小堀純さんは、なんども大阪から通ってきて、濃やかに出版に尽力していただきました。白水社の和久田頼男さんにも、大変お世話になりました。この方々に深く感謝いたします。ありがとうございました。そして、執筆当初から、「面白い」と励ましてくれ、完成を待ちながら、それを見ることなく逝った、夫・平野勇治に、この書を捧げます。

二〇二一年五月

安住 恭子

図版一覧

参考文献

『宗教的人間』前田利鎌　岩波書店
『素顔』松岡譲　雑誌「真理」
『道元読み解き事典』大谷哲夫編　柏書房
『新釈禅林養護辞典』飯田利行　柏美術出版
『禅』鈴木大拙　ちくま文庫
『釈迦』ひろさちや　春秋社
『禅がわかる本』ひろさちや　新潮選書
『シッダールダ』ヘルマン・ヘッセ　草思社文庫
『スピノザ　実践の哲学』ジル・ドゥルーズ　鈴木雅大訳　平凡社
『破門の哲学――スピノザの生涯と思想』清水禮子　みすず書房
『私の個人主義』夏目漱石　講談社学術文庫
『それから』夏目漱石　角川文庫
『漱石全集』第十四、十五巻　夏目漱石　岩波書店
『父と母のいる風景――続　父・漱石とその周辺』夏目伸六　芳賀書店
『評伝　松岡譲』関口安義　小沢書店
『漱石先生』松岡譲　岩波書店
『漱石と禅』加藤二郎　翰林書房
『現代日本と仏教Ⅲ』小林孝輔他監修　平凡社
『居士禅』下川芳太郎　私家版
『友松円諦著作集』友松円諦　潮文閣
『善の研究』西田幾多郎　岩波文庫
『西田幾多郎とは誰か』上田閑照　岩波現代文庫
『西田幾多郎を読む』上田閑照　岩波書店

『平塚らいてう自伝　元始、女性は太陽であった』上・下・完結編・続編　平塚らいてう　大月書店
『平塚らいてう著作集』一～七巻　平塚らいてう　大月書店
『平塚らいてう　人と生涯　わたくしは永遠に失望しない』奥村敦史監修、らいてう研究会編　ドメス出版
『平塚らいてう　孫が語る素顔』奥村直史　平凡社新書
『平塚らいてう』井出文子　新潮選書
『平塚らいてうの光と影』大森かほる　第一書林
『恋の華・白蓮事件』永畑道子　新評社
『出口なお』安丸良夫　朝日新聞社
『巨人　出口王仁三郎』出口京太郎　講談社文庫
『霊界物語』第一巻　出口王仁三郎　八幡書店
『大本七十年史』上、下　宗教法人大本
『大本資料集成』Ⅰ～Ⅲ　池田昭編　三一書房
『出口王仁三郎――帝国の時代のカリスマ』ナンシー・K・ストーカー　井上順孝監訳、岩坂彰訳　原書房
『天皇を愛する子どもたち――日の丸教育の現場で』林雅行　青木書店
『現代における新宗教のゆくえ　三五教の祭りと思想の継承の問題』佐上七恵「KG社会学批評」第三号
『新宗教』村上重良　岩波現代文庫
『日本人の宗教意識』湯浅泰雄　名著刊行会
『日本探検』梅棹忠夫　講談社
『安丸良夫集』1～3　安丸良夫　岩波書店
『大本襲撃　出口すみとその時代』早瀬圭一　毎日新聞社
『ドキュメント日本人1　巨人伝説』（城山三郎「教祖・出口王仁三郎」）学芸書林
『大本教の解剖』中村古峡　日本精神医学会
『「変態心理」と中村古峡――大正文化への新視角』小田晋ほか　東京不二出版
『大本教の批判』服部静夫　新光社
『評伝　内田良平』滝沢誠　大和書房
『日本エスペラント運動史料Ⅰ』日本エスペラント運動五〇周年記念行事委員会
『日本エスペラント運動人名事典』柴田巌編　ひつじ書房

『昭和史発掘3』『同6』松本清張　文春文庫
『神々の乱心』上、下　松本清張　文春文庫
『松本清張の「遺言」』原武史　文春文庫
『〈出雲〉という思想』原武史　講談社学術文庫
『大正天皇』原武史　朝日新聞社
『天皇の宗教的権威とは何か』山折哲雄　三一書房
『米騒動という大正デモクラシーの市民戦争』井本三夫　現代思潮社
『大正ロマンの真実』三好徹　原書房
『大正デモクラシー』成田龍一　岩波新書
『大正デモグラフィ　歴史人口学でみた狭間の時代』速水融、小嶋美代子　文春新書
『大正という時代　「100年前」に日本の今を探る』毎日新聞社編　毎日新聞社
『大正時代を訪ねてみた』皿木喜久　産経新聞社
『岩波講座日本歴史』第十七巻　大津透ほか　岩波書店
『柳田國男集』第四巻　柳田國男　筑摩書房
『大正宗教小説の流行――その流行と〝いま〟』五十嵐伸治編　東京創論社
『大正期の結婚相談　家と恋愛にゆらぐ人びと』桑原桃音　東京晃洋書房
『日本の近現代史をどう見るか』岩波新書編集部編　岩波新書
『近代スピリチュアリズムの歴史』三浦清宏　講談社
『心霊研究辞典』春川栖仙編　東京堂出版
『神経質の本態と療法』森田正馬　白揚社
『心霊研究　その歴史　原理　実践』I・グラッタン・ギネス（和田芳久訳）　技術出版
『テレビ事始』高柳健次郎　有斐閣

前田利鎌年譜

岩波書店『宗教的人間』所載の年譜をもとに、本書関連を中心にまとめた。「　」内は同書の引用。

一八九八（明治三十一）年　一月二十二日、前田案山子と林はなの第二子として生まれる。第一子は覺之助。案山子とキヨの第九子として入籍。

一九〇〇（明治三十三）年（2歳）　三月、次兄・清人死去。

一九〇一（明治三十四）年（3歳）　十二月二十四日、八久保の前田家本邸全焼。

一九〇二（明治三十五）年（4歳）　財産分与をめぐり、長兄・下学と、案山子、卓以下の姉弟が裁判を開始。一年余りの係争の後、全財産の十分の六を長兄・下学と次兄の家族が、残り十分の四を卓以下の姉弟たちが相続。分家として等分に分与されることになる。

一九〇四（明治三十七）年（6歳）　四月、小天小学校入学。幼少ながら常に端然とした姿で、読書する時は必ず正座していた。「机上一糸の乱れたる様を見せず。長ずるに及んでも読書には必ず端座するを常とす」。七月二十日、父・案山子死去。

一九〇五（明治三十八）年（7歳）　卓、槌、行蔵、九二四郎ら姉兄が上京。小天には、実母・キヨと生母・はな、兄・覺之助だけが残された。八月、孫文、黄興らが中国革命同盟会を結成。卓は、その機関誌『民報』の編集部兼同盟会事務局である民報社で働き始める。槌の夫・宮崎滔天と共に、日本人側の主軸として活動する。槌、行蔵、九二四郎らも深くかかわる。

一九〇七（明治四十）年（9歳） 生母はな、兄・覺之助と共に上京。飯田町の卓宅に同居。富士見小学校に転校。

一九〇八（明治四十一）年（10歳） 十二月十日、実母キヨ死去。卓が母親の看取りと、財産整理のため、小天に長期滞在することになり、小石川区第六天町の宮崎滔天宅に転居。小石川区の金富小学校に転校。故郷小天には、前田家の家屋等一切が消えた。「この母の死を期として、故郷の一家ついに離散」。財産を整理した卓は、覺之助・利鎌の贈与ぶんを滔天宅に送るが、滔天はそれを吉原・角海老に売却。「幼少利鎌らの教育費にあつべかりしそれらの珍器を、わずかの運動の資金に代うる悲惨事あり」。このころ民報の発行停止処分が決まり、民報社解散。卓は槌と共に福田英子のあっせんで、ミシン踏みなどの内職をする。

一九〇九（明治四十二）年（11歳） 滔天一家と共に小石川区原町に転居。

一九一〇（明治四十三）年（12歳） 三月、金富小学校を最優等で卒業。四月、郁文館中学入学。七月、卓、東京養育院に、当初は住み込みで就職。九月、浅草玉姫町の生母の家に転居。貧窮のどん底。母は寄席の三味線弾きをし、また母子で内職して糊口をしのぐ。

一九一二（明治四十五、大正元）年（14歳） 三月、吉原大火に罹災。生母らと浅草田町に、さらに十月、下谷池之端に転居。十二月、本郷東片町の三兄・行蔵宅に引き取られる。このころから剣術に励むようになる。この年第一次辛亥革命成就。「一族年来の宿志漸く遂げられしも、物質的にむくいらるるところ少なし」。

一九一三（大正二）年（15歳） 三月、雑司ヶ谷の卓宅に転居。このころから文学書を耽読。国木田独歩、高山樗牛、夏目漱石、ルソー、トルストイ、ツルゲーネフ等。

一九一四（大正三）年（16歳） 卓と共に、漱石宅を訪問。

一九一五（大正四）年（17歳）　三月、郁文館中学卒業。四月、東京第一高等学校入学。卓の養子となり、入籍。

一九一六（大正五）年（18歳）　四月、早稲田の穴八幡神社境内で散歩中の漱石に出会い、名乗る。手紙を出す。漱石から四月十二日付けで、「木曜日の面会日に、いつでもいらっしゃい」の返信。さっそく出かけ、漱石山房の末席の弟子となる。十二月九日、漱石没。このころ、文学から哲学に興味を移す。ショーペンハウエル、ニーチェ等を食事中も熱読。

一九一七（大正六）年（19歳）　友人のカンニングに協力し、一年の休学処分。毎日のように漱石山房に通い、主不在の書斎で、終日漱石の蔵書を読む。家族とも親しく交わり、月命日の墓参などにも同行する。池袋字大原一三九〇番地に転居。卓のほか、九二四郎家族も同居。

一九一八（大正七）年（20歳）　夏、松岡譲と共に富士登山。同じころ葉山で、松岡と共に下川芳太郎と出会う。禅への興味を持つ。（松岡は四月に、漱石の長女・筆子と結婚）

一九一九（大正八）年（21歳）　一高卒業。東京帝大文学部哲学科に入学。禅への関心を強める。神戸の下川を訪ね、指導を乞うが、断られる。

一九二〇（大正九）年（22歳）　三月、本郷曙町の平塚家の家庭教師となる。再び下川を訪ね、東京・谷中の岡夢堂を紹介される。以後、熱心に師事するようになる。

一九二一（大正十）年（23歳）　「深く平塚夫人を識る」。この頃から謡曲を習う。病床の宮崎滔天が一曲所望すると、即座に枕頭に端座して、おぼつかないながら悪びれることなく、朗々と謡ったという。

一九二二（大正十一）年（24歳） 三月、大学卒業。卒業論文「ファウストの哲学的考察」の出版を桑木教授に勧められるが、固持。このころ松岡と共に、ヴォルテールの『キャンディード』を訳すが、出版には到らなかった。六月、東京高等工業学校臨時講師。以後、給与は全部卓に渡し、九二四郎一家もふくめた家計の柱となる。時折、鏡子夫人の肩をもむなどして、小遣いをもらう。（このころ宮崎家の長男龍介と柳原白蓮の恋愛事件起こる）

一九二三（大正十二）年（25歳） 正式に東京高等工業学校講師となる。八月から九月にかけて、平塚家の家族と上総竹岡に避暑。九月三日、関東大震災。利鎌と子供たちは竹岡にいたが、平塚夫人は東京に帰宅しており、罹災。蔵前の東京高等工業学校全焼。駒場の仮教室で授業を行う。

一九二四（大正十三）年（26歳） 四月、東京高等工業学校、大岡山に新築・移転。七月、同校学友会剣道部部長に就任。東京高等工業学校のほか、同年に設立された東京高等工芸学校（後の千葉大学工学部）の講師を兼任。八月、塚本家と竹岡に避暑。自伝小説『没落』を書き始める。兄との剣術に打ち込む。

一九二五（大正十四）年（27歳） 二月二十日、夢堂、死去。四月平林寺に夢堂の師・大休老師を訪ね、師事するようになる。このころから、『臨済録』やニーチェの『ツァラトゥストラはかく語りき』、ゲーテの『ファウスト』などを、自宅で学生たちに講義。また最初の論文「狂僧普化」を雑誌『講座』に発表するなど、新聞、雑誌に論文を書き始める。

一九二六（大正十五、昭和元）年（28歳） 九月、日本アルプスに登る。

一九二七（昭和二）年（29歳） 四月、東京高等工業学校の修学旅行で塩原に行く。十月、白骨温泉より上高地に遊ぶ。このころ、同校仏教青年会会長となる。

一九二八（昭和三）年（30歳） 七月、「夢堂老漢」「臨済」等を書く。八月から翌年三月まで、毎週土曜から日曜にかけて、学生と共に平林寺で徹夜参禅。

一九二九（昭和四）**年**（31歳）　二月、論文集『臨済・荘子』を大雄閣から出版。三月、神田・中華第一楼で出版記念会を開催。五月五日、生母・はな死去。行年六十三歳。夏、しきりに剣術に励む。東京高等工業学校が東京工業大学と改称。

一九三〇（昭和五）**年**（32歳）　一月、「二つの道」を『中外日報』に寄稿。二月、「現代仏教の精算」を『東京朝日新聞』に寄稿。五月、東京工業大学専門部教授就任。東京高等工芸学校講師は辞職。「夏、例年の夏と異なり、さして読書にはげむことなく、別人の如く悠々自ら楽しむ風なり」。十二月初め、平林寺で蠟八接心に参加。三十日、学生たちに自宅で講義の後、銀座で遊ぶ。帰宅後発熱。

一九三一（昭和六）**年**　一月三日、腸チフスと診断。四日、芝・白金の伝染病研究所付属病院に入院。十一日、第一回腸出血。十七日午前九時九分、死去。行年三十二歳。二十三日、大休老師導師のもと、小石川是性院にて葬儀。会葬者約三百名。戒名「甚快院南泉利鎌居士」。四月十一日、遺骨を平林寺に納める。（翌年四月に墓石を建立）

ひ

ふ

ほ

そ

た

ち

つ

て

と

な

に

は

か

き

く

け

こ

さ

し

す

せ

索引

あ

い

う

え

お

著者略歴

安住恭子［あずみ・きょうこ］
宮城県生まれ。宮城教育大学卒業。読売新聞記者を経て、演劇評論を中心に執筆活動。演劇の脚本・演出のほか、プロデュースも多数行なう。著書に、『『草枕』の那美と辛亥革命』（第25回和辻哲郎文化賞受賞）、『青空と迷宮——戯曲の中の北村想』、『映画は何でも知っている』。名古屋市芸術奨励賞受賞。

禅と浪漫の哲学者・前田利鎌

——大正時代にみる愛と宗教

2021年6月10日　印刷
2021年6月30日　発行

著　者© 安住恭子
発行者　及川直志
発行所　株式会社白水社
電話　03-3291-7811（営業部）7821（編集部）
住所　〒101-0052 東京都千代田区神田小川町3-24
www.hakusuisha.co.jp
振替　00190-5-33228
編集　小堀純（小堀純事務所）・和久田賴男（白水社）
装丁　奥定泰之
印刷所　株式会社三陽社
製本所　株式会社松岳社
乱丁・落丁本は送料小社負担にてお取り替えいたします。

ISBN978-4-560-09843-1

Printed in Japan

譚璐美

帝都東京を中国革命で歩く

〈明治維新〉と〈中国革命〉が交錯した早稲田、本郷、そして神田……街歩きで見つけた帝都東京の新たな相貌。カラー図版多数。

杉田弘子

漱石の『猫』とニーチェ

稀代の哲学者に震撼した近代日本の知性たち

ニーチェ思想が近代日本の知識人に与えた衝撃を鮮やかに描く労作。「近代」に直面した樗牛、漱石、新渡戸、安倍能成、朔太郎、芥川らの苦悩と自己救済の格闘の様が浮き彫りにされる。

荒波力

知の巨人

評伝生田長江

わが国で初めてニーチェの翻訳に取り組むなど、明治後半から昭和初期にかけて華々しく活躍しながらハンセン病に侵され、差別の中で忘れ去られた天才知識人の生涯を執念の調査で描く。

司修

孫文の机

二・二六事件の現場に居合わせた記者・和田日出吉。「日本のランボー」と呼ばれた詩人・逸見猶吉。主体美術協会を結成した孤高の画家・大野五郎。三兄弟の昭和の鳴動を大佛賞作家が描く。

今橋映子

近代日本の美術思想（上下）

美術批評家・岩村透とその時代

二〇世紀初頭、絵画や工芸、建築など、多分野の人々と共闘した岩村透の足跡から、「美術」による社会変革の試みを掘り起こす。